告别缺爱
让天下没有不幸的婚姻

李林蔚 著

中国文史出版社

前　言

我小时候的生活环境非常嘈杂，这种嘈杂既来自父母、长辈不可违抗的安排，也来自村镇乡民不加掩饰的轻义重利与书本中标榜的向善正直的冲突。外在环境的嘈杂影响了我的知觉、思维、判断，搅动了我心底的宁静。认知与现实的割裂，使我的情绪时而抑郁时而易怒，行为时而顺从时而对抗。我不知道风要向哪边吹，我听不见自己内心的声音。

不能坚持在一个岗位深耕，是不能获得丰厚收入的。结婚后，这是太太经常指责我的原因。然后，在各种意见中又夹杂了双方父母的意见、亲戚的意见，我能感受到他们的善意，但是，在各种意见的冲击下，我的思维更迟钝，内心更撕裂了。

小时候要任由各种人的意见"摆布"，长大了依然要听从各种人的意见，我陷入无力的愤怒之中，就像是在水里呐喊却发不出声音。那些拼搏后却奔不出前程的人，那些想跳出围城却在婚姻坟墓里埋得更深的人，都有过同样的体会吧。事业与婚姻的坎，都把我绊倒过，事实上这两种麻烦经常如麻花似的扭在一起，很多人同时经历着它们的考验与锤炼。

我不断地追问，给我和同样遭遇的人造成这些困境的根源，到底是什么？直到我发现，世间一切关系的源头，是男女间的亲密关系。

亲密关系，最常见的表现形式，是婚姻。婚姻中亲密关系的好坏，影响的不止是夫妻，还有孩子、父母，乃至双方背后的家族；它影响的也不止是生活，还会波及我们在工作中的状态和表现，进而又反作用于我们的生活和各种关系。这种影响是复杂而深远的，因为它极有可能影响我们下一代人的认知和行为模式。如果不能跳出来，以第三方视角去觉知它，势必会形成一种不幸的闭环。

所以，亲密关系不可小觑，甚至可以说，一个人是否有能力感知幸福、创造幸福，从根本上讲是由他的亲密关系网决定的。系统地学习心理学知识并以心理咨询师的身份实践后，我突然明悟：众生皆苦，每个人或多或少都有心理上的暗疮，这是造成婚姻千疮百孔的原因。

　　原生家庭的伤害、弱小时的创伤、潜意识中的阴影、"争夺"短缺资源的压力、未来不可期的焦虑、走不进去的异性世界，等等，都是隐藏在我们心中的暗疮。这些暗疮我们羞于示人，我们小心翼翼地掩盖，我们戴着快乐面具假装活得很好，我们在社交距离之外努力维持体面。慢慢地，我们变得麻木不仁、心如死灰、无悲无喜，陷入一种"缺爱"状态。

　　直到某一天，一个看似救命稻草的人，闯进了我们的生活。我们以为从此便可以爱之名得到疗愈，得到救赎，于是变得有恃无恐，在这个枕边人面前捅破暗疮，流出毒脓污血，不受控制地释放压抑已久的愤懑，满心渴望可以得到对方的怜爱、理解、接纳、安抚。但是，"爱会消失"的魔咒总会出现，我们又重新"缺爱"了，而且比以前更严重。

　　周围有很多夫妻就是这样，从相识相知，到如胶似漆，然后逐渐暴露出两性的结构性差异，导致冲突无法调和，出于所谓"为你好"以及维持单方面满意的现状，而发动权力斗争，试图改造对方，结果天天争吵，直到无话可说，把爱都耗尽了，最后以离婚收场……我常常看见收留闺女的姥姥默默带外孙外孙女在广场上坐着，外孙外孙女的嬉闹与姥姥的沉默形成强烈的对比。广场上通常看不到陪伴孩子玩耍的单亲妈妈，也看不到一起带孩子玩的离异夫妻。大家可以思考，这样的状况对于离婚的人意味着什么？对于孩子又意味着什么？陪伴，其实是幼童能从父母那里直接感受并接收到的爱。当你把"相处"换成"陪伴"一词时，你将意识到高品质的陪伴会使你心里流动温暖与爱，并让你的孩子感受到。而缺失这类陪伴的孩子，可能将承受贯穿一生的"缺爱感"。

亲子关系是带着爱，传承爱；亲密关系是带着爱，寻找爱。是亲密关系中的爱是源头，还是亲子关系中的爱是源头？我们不得而知。

我们能知道的是，爱是源头——缺爱亦是源头。缺爱模式贯穿人的始终，并延续子子孙孙又子子孙孙。

都说"婚姻是爱情的坟墓"，"结婚未必是为了幸福，但离婚一定是为了幸福"。这说明很多人在婚姻中不得要领，甚至对婚姻产生了畏难、排斥心理。

婚姻不易，但也没那么难。只要掌握了婚姻原理，哪怕不结婚，也可以告别"缺爱"状态，拥有让自己幸福的能力。尤其对于离过婚的人，我想说，正因为受过伤，我们才更要狠狠幸福，既然已经走了这么远的路，怎么忍心让过去的罪白遭一回呢？

婚姻原理是决定两个人在亲密关系中是否可以舒服、和谐相处的密钥，是两性关系的底层逻辑。婚姻原理直接讲出来，是干巴巴的，所以在这本书里，我尝试用找一个代表性的"她"来经历婚姻中所有的支离破碎与不堪，让"她"在近乎真实的婚姻生活与考验中，拨云见雾，一点点参悟婚姻的原理。若有余德余慧，便能更进一步，触摸个人觉醒的真谛。

这本书乍一看像一部非虚构作品，因为它太"真实"了，日常生活里的柴米油盐、出轨背叛、孩子教育问题、家庭支配权拉锯战，那些我们所经历的一地鸡毛，书里的主人公也在真切地经历着……这本书仿佛一面镜子，照出我们每个人真实的生活常态，也让我们在其中更透彻地认识自己、认识婚姻。

钱锺书说，婚姻是一座围城，得到了很多人的共鸣。如何不围于"围"，不困于"城"，围而不困，乐在其中，是这本书想要探讨和揭示的。

之前我不懂这些，也艰难地走过一段痛苦的路。结婚后我感觉太太完全变了一个人，婚前柔顺的她变得爱发脾气，喜欢发号施令。争吵—摔东西—冷战—回娘家—争吵……似乎开启了无限的恶性循环。发生争执时，我们都觉得鸡同鸭讲、对牛弹琴，吵完架伤了感情，问题也没得到解决，不知不觉中，婚姻的裂痕越来越深。我当时非常绝望，原本最亲密的人变得越来越陌生，甚至用最恶毒的言语互相捅刀子，这样的家还有什么可以留恋的呢？面对这种局面，我们都感到无力、无解、无可奈何。

我与太太的不和，给我的两个弟弟也造成了困扰。他们觉得婚姻很可怕，所以非常"恐婚"。我二弟曾心仪一个女孩，却在订婚的几天后退婚；我三弟相亲无数，媒人都气走了好几拨。好在后来他们的感情都修成了正果，真的感谢上天没让我的错误在家族中继续发酵。

让天下没有不幸的婚姻，这是我发的愿。正是因为深知婚姻的不幸，会给个人乃至家庭造成多大的伤害，我才衷心希望还没遭受过这种伤痛的人，不要掉进这条看似没有尽头的暗河。我想通过自己的努力，让每个人都能心中充满爱的能量，沐浴、徜徉在幸福之河中。我持续研究与践行心理学与两性关系学，经过这么多年的沉淀，终于花开蒂落，写成这本书。

希望这本书能给这个领域带来一点儿正确的见解，切实地帮助到更多人认清和修复婚姻关系，让更多围城人围而不困，爱得自在，活得通透。

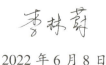

2022 年 6 月 8 日

目 录

01

我们缺爱吗？

好像所有美好的字眼，都能跟爱联系起来。可是，爱究竟是什么呢？

袁满向别墅外走去，脚步从容，像没事人一样，很冷静。但她颤抖的身体出卖了她。

五月的夜风吹在身上，像无数支利箭穿透她的身体，冷到彻骨。

花园的虫鸣、飘香的果树、盛满星光的泳池，还有地下车库停放的豪车……现在拥有的一切，早已超出她对幸福的期许，她却没有感受到一丝幸福。

她呆呆凝望着眼前的一切，眼泪不知不觉地流了下来。

许久之后，她擦掉泪水，拿出手机，拨通了一个电话。

"国老您好，现在方便见您吗？"

"你来吧。"

脑海里浮现国老慈祥的笑容，袁满心中充满了力量，她快步走进停车库。

国老是同学艾鑫介绍的高人，她以为以后再也不会用到他了，没想到她也会步艾鑫的后尘。

车子穿过繁华的步行街，一路往郊区驶去，半小时后，在一座简朴的院子里停下。

岩石墙、树根桌凳、葡萄架，灯已经亮了。袁满看着这一切，发自内心地放松、愉悦，这也许就是国老说的光环效应吧。

进屋后，袁满打开了情绪的闸门，将自己的委屈、痛苦、抱怨一一倾诉。国老面带微笑地听着，把泡好的茶递到她面前。

"爱是什么？"自袁满进屋之后，这是国老说的第一句话。

"爱是什么？"袁满默默重复了一句。她脑海里想象到无数"爱"的场景，但是，她却没有一个词来形容它。"爱"这个字仿佛是一道封口的咒语，只能意会，却说不出来。

"爱是一种温暖的感觉。"袁满试图破解这道咒语。

国老摇了摇头。

"被爱的人感觉很幸福，觉得人生充满意义，觉得每一天都是新的，都是阳光普照、鲜花盛开。"袁满不甘心失败，继续阐述。

"你说出了爱的部分功能和体验，但是，还不够。"国老抿了口茶。

"那么，爱究竟是什么呢？"袁满隐隐觉得国老提出的问题，对解决她的困境有用，所以，她绞尽脑汁地寻找答案。

国老笑了，没有说出答案，却提示道："你觉得我们这个时代的人，缺爱吗？"

"缺爱。"

袁满脱口而出的时候，心里却在自嘲，自己不是最明显的例子吗？

袁满"985"毕业，大学时代的男友却是隐藏的富二代，结婚后全职在家，过上很多女人羡慕的阔太生活，但是幸福感随着生活的琐碎渐渐消失。那个谦逊包容、对她无尽呵护的郑华，在结婚后就消失了。不知从何时起，他开始控制她的朋友圈和兴趣爱好，他对她说话变得都是在下指令。

她的婚姻是如此，别人的婚姻不也都这样吗？

短视频平台，天天刷到各种视频：男人在抱怨女人不体贴，女人在抱怨男人不爱她了。支各种招：抓住男人的心，先抓住他的胃；男人需要被崇拜，女人需要被宠爱；男人需要被认同，女人需要被理解……

这些都是盲人摸象以偏带全的见解，某些场合适用某一些人，却被作为真理推之四海。袁满心中升起一股无力感，她认真学习过，但是，那些理论对现实的指导收效甚微。她用过"男人需要崇拜"这一招，一开始就把女人的地位身份从男女平等中拉下来，怎么觉得自己在玩心机"讨好"他，透露着骨子里的功利和自以为是的做作。只觉得现在心里越来越感受不到爱了，越来越不被人爱了。那个曾经桃花笑春风、对未来充满美好憧憬的少女，已经心如死灰了。没有爱，女人还能有什么？！她的眼泪不争气地流了下来。

"不要局限于婚姻，想想社会上其他层面的。"

仿佛看穿了她的心思，国老一句话把袁满从思绪

4

中拉回现实。

"找到爱的本质，婚姻问题已经解决一半了。"国老的话再一次点出关键所在。

爱是责任，爱是奉献，爱是宽容，爱是关心……好像所有美好的字眼，都能跟爱联系起来。但是，袁满却没有信心把这些答案说出来。那么，爱究竟是什么呢？国老是让我在缺爱的现象中，找到爱的本质吗？

02
爱像一道咒语

爱，一旦频繁说出来，就带有功利的种子，就失效了。知爱说爱不是爱，行爱用爱才是爱。

爱是能够让人炽热如火，又能一瞬间让人如坠入冰窟的东西。袁满暗暗苦笑。

袁满躺在床上，静静思索国老留下的作业。

一个人来到她的房间，是郑华。他碰她的手，袁满像受惊似的避开。

郑华说："对不起。"

袁满翻过身子，她感觉到有一堵厚实的墙挡在他们两人之间。人与人之间心有隔阂的那种氛围，陌生，沉闷，让人不自在，似刚刚镶嵌了假牙，时时刻刻伴随着异物感，却又无法拔除。郑华站了许久，然后自觉地退出了房间。

道歉—分居—和好。这是他们吵架常有的模式。每一次争吵后，他们都是这样和好的。但是，这一次袁满感觉有些不同了。

她为两人的"5·20"准备了特别的节目，烛光、红酒、牛排，还有一桌子郑华喜欢的菜肴。只是为了两人的独会，她给保姆放了假。拿手术刀的手，并不一定会做菜。她夸大了自己不擅长的能力。卫生有点儿乱，菜并没有她想象的那么好吃。

她做得如此用心，虽然结果有些瑕疵，不能迁就下吗？

"人家说娶老婆就是娶个保姆，你连保姆都不会做。"

郑华很会做菜，偶尔取笑她，她都不在意。但是，她今天听到这句话，却突然感觉毛骨悚然。

是的，那一刻，她天旋地转，她看到郑华的讥笑和轻蔑，像一个冷漠的陌生人一般。

郑华爱自己吗？自己又爱他吗？

她想起了与郑华相识相恋的美好记忆，也想起了与他生气争吵的不堪往事。这两种记忆交错呈现着，让她不知如何处理。也许国老说得对，弄清楚爱的本质，她就能够明白自己的处境了。

袁满揉了揉太阳穴，看着电脑。电脑屏幕上是醒目的新闻标题：母亲积劳成疾晕倒厨房，沙发少年玩手机视而不见。

一道难题摆在面前，怎么最快找到答案？

找有答案的人。

艾鑫手里有答案。一年前陪艾鑫去国老那里的经历，仿佛是为今天埋下的伏笔。袁满合上电脑。她走到镜前补了补妆。袁满看着镜前的自己，一个人有事，真是藏不住。虽然穿着名贵衣服，笑得妩媚动人，眉眼里的光影还是会泄露她的秘密。好在她与艾鑫是君子之交淡如水，往来不多，却是真诚相待，不会有同学会那种较量的刻意。也许她与艾鑫有较量的资本，才能相处融洽，虽然她心里不愿意承认。

昨晚她已经与艾鑫相约，10点到她公司见面。只是她醒得早，就提前做了功课。家庭主妇的生活，并没有磨灭她这个医学高才生的探索能力。她突然想起与艾鑫半夜探停尸房的经历，不由得会心一笑。

艾鑫的医美大楼非常气派，墙上到处都是广告箱，放着美女脸部的照片，五官处画着分割虚线，突显五官的排列科学、精致完美。

本是医学院高才生，却辍学做医疗业务，从基础的销售员做起，一步一步坐上销冠、销售总监、医美总裁、合伙人股东的位子，艾鑫的逆袭之路可谓传奇。人们都说事业得意，情场失意。艾鑫这样强大的人，也没逃过这句话的安排。一年前，她离婚了。

跟一年前相比，现在的艾鑫目光柔和了许多，以往的干练中多了份从容。她笑着请袁满坐下。

办公室大气而朴素，柜子上摆满了书，办公桌就一台笔记本电脑。对面就是会客间，围着茶几，呈半弧状摆着白色的沙发，茶几果盘有时鲜水果，瓷瓶上插着三朵绽放的栀子花，清香沁人心脾。之前，这种乡野生长不够高雅的栀子花是入不了她的眼的。

一年多没有来她的办公室，如此简朴的装修不像她的风格。以前桌上放着玉麒麟、奖杯什么的，现在都清空了，只放着很普通的栀子花。只是，这样的环境，袁满不知道为什么感觉更舒服些。

艾鑫熟练地削着苹果皮，笑着说："国老猜中了，说你会联系我，你果然来了。"

袁满说："你遇到的难题，我现在也遇到了。我做全职太太后，圈子很小了，只能来请教你这个能人。"

艾鑫摇摇头，把削皮的苹果切到小盘里，插上牙签递给袁满。

"请教谈不上，在两性情感的大学里我也是学生，我们共同切磋倒是可以。"她往前挪了下身子，认真地看着袁满说，"来，谈谈你做过的功课。"

"什么都瞒不过你。"袁满笑着说出自己的探索，"从当今社会缺爱的现象中，找到爱的本质是可行的。沿着这个思路，发现现代人的幸福感非常低。在我们小时候，夏天吃个雪糕，节日穿条新裙子，我们都要快乐好几天，那时的幸福真简单。现在不一样了，很多人说是欲望太多，让我们没有了幸福感。但我发现，并不是欲望导致的，而是缺爱导致的。实现欲望只是让我们有快感，但是，快感并不持续，我们又要实现下一轮欲望，无穷无尽。而拥有爱的感觉，则会让我们发自灵魂地愉悦，还生发出自己人生有价值的自豪感，一切都美好，一切都自由，一切都光明，有点儿像是在天堂里的感觉。"顿了顿，最后做出结论："爱是一种奉献。"

"没有感受过爱的人，说不出这样的话。恭喜你。"艾鑫接着说道，"你觉得爱是一种奉献，怎么奉献呢？"

"无私地付出。"

"'奉献'是我们常用的词，一个词若是大家都在提，却很少去践行，它就会钝化，这是词的钝化，就是我们都了解词的含义，却已经想象不到它的应用场景了。**你说无私付出，我觉得很好，这已经接近爱的本质了**。"

艾鑫接着说道："在选择伴侣的时候，男人的选择偏向于女性的仪容、气质、身材，这是生物学上的功利现象；女人的选择偏向于男性的地位、经济实力，这是社会学上的功利现象。因此，**一开始的时候，男人与女人的爱就已经掺杂功利价值。这是因**。这个因，生的果是很多人认为婚姻是爱情的坟墓，大家都不能为彼此而无私付出了，因为爱的种子是功利性的。"

（后来袁满才懂得，功利性的错误怪不了任何人，它只是一种表象，里面还有更深刻的本质——价值条件化。）

"就像很多父母对孩子倾注心血，只是作为一种投资，希望被投资的孩子带来荣耀，给他们养老送终。"袁满插嘴道。

袁满脑海中浮现二姨对表哥的失败教育。她小的时候，经常听到对门的二姨对表哥语重心长地说："你好好读书，才能考个好大学，找个好工作，这样才对得起我们起早摸黑培养你啊。""你爸和我节衣缩食，还不是为了让你能天天喝上牛奶补钙吗？"这些话，像不像夫妻谈心或吵架时，一方对另一方的激励？

表哥很争气，一路考到国外，但是，在国外再也没有回来。逢年过节时，一大家子团聚，虽然看到二姨二姨父很自豪地谈论不在场的表哥，但笑容中总是有些落寞。

袁满想到自己父亲，她心中充满感恩。当她去面试时，父亲总是蹲守在烈日的大楼下，等待她的消息，地上散落着烟蒂。看着父亲憨厚的笑容，一股心酸在袁满心中油然而生，她暗暗发誓一定要让父母过上更好的生活。

"我们常常学西方人表达爱的方式，其实这是不符合中国文化的。"艾鑫听了袁满对表哥的介绍，感慨道，"是的，**爱像是一道咒语，要做，但不要频繁说。知爱说爱不是爱，行爱用爱才是爱**。宇宙的规则很公平，阴多一点，阳就少一点。一个人做事利于口，就不利于行。人们总会做最容易的事。爱，往往从中国式父母、伴侣口里说出来，就带有功利的种子，就失效了，还会产生恶劣的影响。"

爱像是一道咒语，要做，但不要频繁说。知爱说爱不是爱，行爱用爱才是爱。真好。袁满暗暗重复，觉得不虚此行。此时，又一个疑惑升上心头：爱，只要做出来，就能被对方感知了吗？她看过一则新闻报道，一个单身的哑巴母亲，为了孩子她没有选择再婚，而是靠着捡废品供孩子上学，孩子也争气，考上了重点高中，但是在孩子月假回来时，母亲晕倒在厨房，而孩子却还在玩手机，对病倒的母亲视而不见，邻居串门才打了120救了母亲一命。

艾鑫抬腕看了下表，笑道："你这个问题涉及爱的另一层概念，相信你会找到答案。马上有个会，就不留你了。"

袁满伸手告别，艾鑫却给了她一个有力的拥抱："我相信你一定能走出来的！"

这个拥抱让袁满感受到了一种患难与共的真情，艾鑫之前可不会做这种举动。袁满鼻子没来由发酸，一股暖流流遍全身，她也真心为朋友的改变而高兴。

03
爱的本质是什么？

她想不明白，步入婚姻之后，怎么就
把日子过得琐碎而沉闷了呢？

阳光洒在如茵的草地上，一家三口正在院子里玩球。简单的抛球、接球的动作，却让五岁的孩子开心得又是跳又是笑。这其乐融融的一家人是袁满的邻居。

袁满坐在阳台前，静静望着这一切，如此美好的时光多么熟悉。郑华自从认错之后，再也没有跟她说过一句话，好像为了刻意避开，他变得更忙碌了，早不见人，晚上极少碰面。孩子被接到了爷爷奶奶家。整个家好像是凝固的壁画，只有保姆忙来忙去的身影，才带来了一点儿活气。

自己对郑华的爱有功利性吗？爱恋时虽然不知道他家的背景，但是他出手很有那种大家子弟的风范，自己是隐隐有期待的。每次两人在校园内成双入对地出现，好像也满足了被其他同学羡慕的小小虚荣。即便如此，人嘛，总是摆脱不了动物的功利性，这是生存基因天生就有的。只是，她想不明白，步入婚姻之后，怎么就把日子过得琐碎而沉闷了呢？郑华的讥讽只是一句话，好像不用在意，但是女人的直觉告诉她，郑华的内心有了变化。

在保姆打扫之前，她已着手寻找丈夫衣物的蛛丝马迹，没有找到。

以前吵架后，他总是会来哄她，现在却是在冷落她。如果他不来哄她了，她怎么办？她如果去主动关心他，是不是会和好如初？

无意瞥到桌上的菜谱，各种珍馐美馔映入眼帘，似乎厨房的油烟也同时进入脑海里。油烟让她很反胃，溅出的油经常烫了她的手和脸。就像架起了一座天秤，

15

袁满没来由地开始衡量，为了爱自己可以做到哪一步。

"喂，喂！"

袁满抬头看过去，邻居慧珍扬手朝她打招呼，她也开心地朝她笑了笑。慧珍很兴奋地说着什么，袁满听不太清，但从她的神情、唇形判断，是让她一起去逛商场。

袁满摆了摆手拒绝，她下定决心，一定要尽快弄清爱的本质。

袁满到来时，国老正在院子里为盆栽浇水，微笑示意她找个地方坐下。

忙完，国老坐到袁满旁边，问道："找到答案了？"

袁满将这些天的感悟跟国老说了一遍，请他解惑。

"我们就从最容易理解的地方开始。"国老敲了敲桌子，好像上课铃响了。

国老问道："茫茫人海之中，一个女孩想找到理想的伴侣，她纠结的是，她要找一个爱的人，还是找一个她认为适合的人。"

"找一个爱的人。"袁满回道。

"你的回答，是大家都在做的事。"国老停顿了下，"但是，这个观念有偏差。我们普遍认为，拥有爱是简单的，困难的是对爱的对象的选择。"

"你是说，拥有爱的能力是本，怎么选择爱人反而是末？"

"对，大家根深蒂固的观念是，爱是一种对象性，选择爱的对象比拥有爱的才能更重要。但是，应该反过来。拥有爱的才能胜于选择爱的能力。拥有爱便有无尽的爱，选择爱则只有偏爱。偏爱看似是真爱，其实是双方投射需求的缺爱。爱流向不缺爱的人。不缺爱，才能遇见真爱。"

袁满虽然有心理准备，但是听到这样的回答，还是大吃一惊。

"孪生两姐妹生活在一个不好的家庭环境里，父亲痴迷赌博，母亲懒惰暴躁，姐妹俩很早就辍学打工。长大后，两姐妹的命运完全不一样，一个成了知名慈善家，一个成了锒铛入狱的诈骗犯。记者采访姐姐：'你为什么可以取得今天的成就？'姐姐说：'我生活在这样的环境里，逼得我要自立自强，我只能靠自己。我不想成为父母那样的人，所以我做的事，全部跟他们相反。但是，怨恨一直在困扰我，让我不能前进。所以，我就爱自己，爱我的父母，爱所有一切，怨恨就没了。我的生活充满光明，我就拥有了美满的家庭和良好的事业。'"国老停下，问袁满："你觉得妹妹是怎么样的说法呢?"

袁满想了想,试着说:"妹妹说,自己变成今天的样子,都是爸妈造成的。"她脑海中浮现出电视里那些女囚恶狠狠的眼神,"她说:'我一直很恨,为什么生在这样的家庭里。从小,新衣服就是姐姐的,我穿的都是旧的。在外面被人欺负了,妈妈却不问青红皂白地打我。没有钱供我读书,还让我做各种家务。这个世界比我爸妈还冷漠,我做什么事别人都说我,谈男朋友总是碰到人渣,受尽各种白眼和屈辱,你说我能变成什么样的人?'"

国老点点头,说道:"这就是代价。无数人付出沉重的代价后,仍然冥顽不灵。姐姐与妹妹生活环境是一样的,姐姐为什么拥有爱,而妹妹却没有呢?"

"妹妹是希求被爱,而姐姐是自己拥有了爱。被爱不是爱,被爱是期待。拥有爱的才能是真正拥有爱。"袁满想了想,很快从题干中找到了线索。

袁满的狡黠没瞒过国老,他笑了笑继续追问道:"你觉得爱的才能是什么?"

"一种能力吧。"袁满看到国老没有放过自己的意思,默默想了想,说,"就像医生,他们不是天生的,而是通过学习与训练才掌握的。爱,也是要经过学习与训练,才能掌握的一种能力。"

国老赞许地笑了笑,问道:"是每一个人都能成为医生,还是只有一部分人能成为医生?"

"成为医生还是需要一点儿天赋吧,应该只有一部分人才能成为优秀的医生。"

"你说得很好。成为医生可能需要天赋,但是,掌握爱这种才能的人,不需要天赋,或者说,**每个人都拥有爱的天赋**。"国老说道,"婴儿从出生那一刻起,就拥有爱了,这不会区分婴儿是富人生的,还是穷人生的;也不区分是善良的人生的,还是恶霸生的。你明白这说明什么吗?"

袁满点点头,但是她知道这里面的含义不是表面那么简单。

"这说明,**每个人,都不是一个缺爱的人**。"

袁满的心弦突然被拨动了一下。

"父精母血育其身,我们因爱而生。爱,种在我们灵魂深处,懵懵懂懂,缥缥缈缈,等待我们每一个人来唤醒它,培育它。举案齐眉的夫妻之爱,舐犊情深的父母之爱,乌鸦反哺的儿女之爱,楚囊之情的家国之爱,都是爱之华绽放的不同结果。"国老举例细细说明。

"妹妹没有爱,不是因为父母没有给她爱,是她爱的种子没有生出根,没有生出爱;姐姐拥有爱,不是因为外界给了她爱，是她爱的种子生出根，生出了爱。**爱，是一种创造力！**"

袁满醍醐灌顶般明悟："**爱，是一种积极无条件的施与，是自己由内而外创造出来的施与。**"

国老笑而不语，但他的眼神里充满鼓励。

袁满看向一缕射向青绿的葡萄藤的阳光，说："就像是光。"袁满还想说什么，但是觉得怎么也找不到合适的词语了。

天空白云变幻，云朵只是小小地移动，却会给地上的众生带来很大的阴影，但是，阳光总是会出来的。

"天空即将放晴的时候，所有人都抬头望向天空，看见太阳的光洒了下来。太阳播撒光的时候，收获了众生的目光与能量，那也是众生向太阳的光的回馈。"国老直接点题道，"**爱是一束光，光会吸引光，光永远不缺光。当你全然悦纳自己成就自己时，你开始养大心中困在宇宙莽荒与岁月长河里的爱。当你要求"你要爱我"时，你在索取一个你从不曾获得并永远无法拥有的宝藏。懂得爱自己才能懂得爱，懂得爱别人才会不缺爱。**"

04
爱有三次蜕变

人经常是被情绪与欲望左右的，即便
是追随内心，蒙尘的心也是会骗人的。

"爱是怎么自内产生的呢？"袁满的疑问，也是国
老留给她的作业。作业问题其实是方向，有了方向，
找出答案就不难了。就像在路上开车，没有方向的话
心里空荡荡的，一旦确定了方向，心里就会安定踏实，

特别是把"回家"当成方向的时候。隔着车窗的喧嚣车流、人群,以前觉得都是那么模糊,那么混乱,现在却觉得那么清晰,那么有层次感,秩序井然,人人安乐。她嘴角轻扬,觉得自己找到婚姻幸福的法宝了。真正领悟它的威力,婚姻的不幸至少能避免一半。

想想恋爱时的情景,袁满觉得十分可笑。她竟然也是黏人的,时常让郑华向她表达"爱",而且时刻把"爱"挂在嘴边,成为考验对方爱情坚固的紧箍咒。脑中浮现其中一些"求"爱的细节,她浑身起了鸡皮疙瘩。但仔细想一想,好像也不完全是自己的错。爱情本是由承诺、激情、亲密的三角要素组成,在爱情炽烈的阶段,说一些和做一些有违常规的富有激情的呢喃私语和肢体接触,是无可厚非的,更何况,这样的行为还受到其他炫爱的同学的引导。

人是社交动物,本能中就有炫的基因。所以,爱要做出来,不要说出口,袁满觉得国老把这句话作为爱的提示尤为高明。缺爱却又在炫爱,实在很荒唐滑稽。她也曾经这样荒唐过,只是谁不曾年轻过,还有更多的少年正步入青春时光,还会上演这种荒唐。这是无可奈何的事情。只是要注意的是,每个人意识到这一点有迟有早,一旦意识到这一点了,就要发生蜕变了,就不会把恋爱时做的荒唐事作为标杆,来要求婚后的家庭伴侣了。实际上夫妻吵架时，经常不离口的"你不像恋爱时那样爱我了"，就是一种炫爱的另类表达。袁满认为爱有三次蜕变。**这是爱的第一次蜕变——爱要做出来，不要说出口，更不要炫出来。**

第一次蜕变其实考究的是无善方为善，是说爱的起心动念不要存在爱他人、为他好、要他回报的念头，更不要说出口。**只是行动给他看，而不是行动后的邀功或抱屈或道德上的胁迫。如果做不到不要回报的爱，对回报三缄其口不失为不让人看低的法门。**

大三时袁满与郑华一同入选超级辩论赛，在争夺最佳辩手的时候，袁满的表现有目共睹，能够胜出是理所当然的，而郑华表现平平却挤掉她的名额，招来了闲言碎语，袁满也难以相信自己竟然输给了男友。颁奖当天，郑父手扶 100 万元的赞助支票，大家这才知道郑华显赫的家世。那一次是袁满与郑华相恋以来最严重的危机。

袁满十分痛苦，她骑在虎背上看到了未来的繁华，却不知道怎么骑上去的，更不知道怎么下来。从计算的角度来讲，获得最佳辩手尽管明里暗里的好处不少，但实在比不上豪门的资源厉害。即便郑华一直隐瞒他的家世，袁满也应该庆幸，总的来讲，得还是大于失的。但是袁满高兴不起来。她知道有一些东西不对，有一些东西没有想通，但是一直不知道是什么东西。这些东西似是而非，却触及了她的一些原则。所以，郑华施各种苦肉计来道歉，她并没有搭理。她一直符合传统社会对女人温顺柔和性格的期待，但是这不代表她没有边界。

世事有时就这么奇妙。袁满与艾鑫在学业上一直是竞争关系，但是当袁满恋爱了，放弃这种竞争关系的时候，她与艾鑫竟然成为无话不谈的朋友。艾鑫的理性帮助了她。"如果他没有道歉，你可以结束这段关系了。"过了这么久，袁满依然记得艾鑫说过的话。这句话给郑华的爱定性了，袁满感觉离她要的东西近了一点儿。

"不过，他该道歉的事可不止一件。"艾鑫促狭地说道，"首先，他要为隐瞒身世道歉。其次，他要为用不光彩的手段夺走你的荣誉道歉。再次，他要为让你受到这么大的困扰道歉。我看请我们大吃一顿是免不了的。"

"他的道歉，还不是我想要的。我要的东西，我自己都说不明白。"袁满直视艾鑫说。

"我想是尊严。"沉默片刻，艾鑫说。

眼中突然一片清朗，袁满感觉脑中的乱麻乱絮一扫而空，艾鑫抓住了关键。袁满要的的确是尊严。

"一方面，他显赫的身世暴露，你会陷入世俗的舆论中：你是为爱而爱，还是为钱而爱，还是为尊严而弃爱呢？尽管没有展露更多的影响力，但是他的家世无疑会是能够影响恋爱走势的一种压力，而且这种压力将伴随他一生，也将伴随你的一生，你的尊严、想法、思维会不会因为压力而变化呢？另一方面，郑华家世的威力在这次辩论赛事件中已经显示出来，你是否想过，一旦嫁入豪门，你该如何自处？你和他的你侬我侬能否抵过家族力量的渗透与影响？"大学时代艾鑫就已展现洞悉人性的天赋，她接着说，"我想你能否妥善处理此事，郑华的长辈都在看着，看来你单方面决定你俩的关系还言之过早，还得看家长的。"

凉厅里夏风习习，不时有萤火闪烁，袁满听了艾鑫的分析，豁然开朗，但是，也让她记忆深刻，她被蚊子叮了很多包。艾鑫最后的话令袁满有些生气，她相信郑华能够挡住家庭的阻力。郑华作为医药与医用器械家族企业的继承人，他有不努力的条件，但是他在学校里很努力，这说明他想拥有独立于家族力量的能力，这种上进精神，是袁满看重的，也是最终同意和他在一起的主要原因。

简·爱用自己的流浪和爱人的失明赢得了爱的尊严，袁满用一年的冷淡和疏离重新获得了尊严——她申请去了更偏僻的地方实习，让郑华深切体会到她的态度与力量。

爱的第二次蜕变更考验人性，它就是对利己的考验。对伴侣之爱与对自己之利，当两者有冲突的时候，你会完全信任伴侣吗？你会舍己成全他吗？你会怎样衡量两人的关系？

艾鑫猜对了，后来袁满才知道，这是郑父对将嫁入豪门媳妇的考验——真是很绝的考验。

爱的第三次蜕变是积极无条件的施与。这也是爱的最高境界，袁满现在想弄清楚怎么才能做到。没有方法的顿悟，其实比有方法的渐悟要难千倍万倍。在找到答案之前，她需要跟郑华谈谈。也许郑华并没有移情别恋，也许她的直觉是错的，要知道**人经常是被情绪与欲望左右的，即便是追随内心，蒙尘的心也是会骗人的。**

回到家的时候，已是午夜。周日儿子小贤已经从公婆家接了回来，保姆岳阿姨正哄他入睡。空调温度正好，在岳阿姨轻轻的拍打中，孩子已经眯眼进入浅睡。袁满看着儿子稚嫩的面庞和敛趴在眼睑上的睫毛，五味杂陈的感受渐渐淡了下来，内心变得安定。她久久凝视孩子，仿佛舍不得离开这久违的安宁。不知过了多久，她轻叹一声，就站起来转身出去了。

岳阿姨年龄不到五十岁，容颜却像七十岁多的老人，她是袁满老家的远房姨娘，带小孩毕竟是亲戚要放心些，虽然这个亲戚不知道远房多少代的。就这事郑华还跟袁满吵过，他说孩子从小就得培养，孩子跟什么样的人就会变成什么样的人，找专业的有文化的保姆更好些，他一定要找专业的保姆。袁满不同意。原因是重阳她回娘家时，岳阿姨正跟爸妈拉家常，岳阿姨看到她回来，着实把她夸了好一番。后来妈妈偷偷告诉她，让她有余力帮下岳阿姨，姨爹与表哥在工地电缆架上摔下来，姨爹抢救无效死亡，表哥腿摔残了，这都是好几年前的事了。袁满为了让岳阿姨来工作，先是证明孩子从小首要重视的是情感教育、亲情关怀，让他感觉来到世界是温暖、安全、有爱的，然后查找了不少婴幼儿智力不宜过早开发的证据，当然，这无法说服从小就被刻苦教育的郑华，最后各退一步，岳阿姨来照顾孩子生活，另外再请专业的私教教孩子各种智力知识。

袁满还帮那个伤残的表哥在家族医疗器械厂找到一份轻松稳定的工作，这件事情才得以完美解决。

怜悯是怎么产生的呢？母亲说的那些事并不能引起袁满的感同身受，真正让袁满心动的是，岳阿姨那天实在是像正常人一样正常，除了面色苍老一点儿之外，她没有任何的忧愁、抱怨，她一直是笑着的，而且说的趣事引着大家一起笑。袁满印象中没有哪一次像那一天笑得那么多。岳阿姨就像进大观园的刘姥姥。

岳阿姨是可爱的人，即便她不像之前那样说笑话了，但是，她会看人眉眼高低，后来连郑华都对她称赞有加。至此，袁满娘家的力量总算有一个揳入到家庭中来，尽管这个力量比较微弱。

"他三个晚上没有回来了。"偌大的房子空荡荡的，袁满穿过走廊，没想到岳阿姨紧赶几步跟了过来，她只说了这句话就停住了，但是她的神情却是欲说还休，充满担忧。

"我们之间没有事，他这段时间只是有些忙。"袁满两边唇梢微扬，淡淡一笑，她不知道这句话是安慰自己，还是安慰岳阿姨。

的确，郑华三天未归家，关键的是，他未向家里打过一个电话。

05
重新发现自己

人到一定的地步，有些曾经的经历突然就不见了，与久违的自己相逢是一件高兴的事。

袁满给郑华打了两个电话，语音提示忙碌中，并没有打通。袁满目光扫过梳妆台上的乳液、眉笔、口红，一个小时后，她盛妆来到家族的世贸大厦，径直走向总裁办公室，总裁夫人到来自然一路畅通无阻。她来得太突然，也太快了，前台的报信电话正在总裁办公室响起，袁满已经闯了进去。拉扯中，秘书从郑华怀里挣脱出来，她满面通红，慌张地逃了出去。

袁满带着对爱的觉悟与欣喜前来，却没想到郑华给她浇了一盆凉水。想一想也是，**每当对生命有更深的领悟的时候，生活就会给你一场猝不及防的考验，以考验你是真的领悟了还是只停留在理论上。**

袁满想拿刀剜了郑华的心，但是她用笑容压抑住了愤怒，她盯着郑华眼睛说："你不给我解释一下吗？"

郑华点了一支烟，满不在乎地说："还用解释什么，你不都看到了。"

"你现在都懒得跟我解释了，我是这么招你烦吗？"袁满如坠冰窖，极力压抑泪水流出来，她觉得话里的哀求气味令她很屈辱，她嘶声道，"你到底怎么了？你还要过下去吗?!"

郑华转过背去，没有回答她。他的身姿依然挺拔，他的肩膀依然厚实，这个熟悉的人，这个朝夕相处七年的人，袁满看不清了，烟雾在袅袅升腾，他的人影却越来越模糊。

袁满拭干泪水，强忍泪水再次溃堤。她从世贸大厦出来走向停车位。一走了之不行，但是她有什么办法吗？她直接在公司里跟郑华闹，撕破脸皮，争取最大利益？这不是她的性情。乞求男人回心转意，自欺欺人继续当阔太太，更不是她的性情。怎么办？怎么办！她知道自己在崩溃边缘，她现在状态下所做的事都会把她拉下深渊，再也无法挽回。全世界的人都能听到高跟鞋笃笃地响，她几乎用小跑的方式"逃"了出来。她需要时间冷静，这种急事需要缓办才有转圜余地。她脑子很乱，因为她一时的冷战郑华就寻花问柳了吗？冷战，是她最后才动用的杀手锏，是她最强的表达力量的武器，这一次是她错过顺坡下驴的时机了吗？袁满在患得患失中复盘事情的前前后后，最后她实在不知道这天怎么突然就塌了。她心里是空的，有什么东西一直在下坠。她在车上坐了好久，冷静了许多，这才发动车子。车子的方向不再是那栋奢华的别墅，而是她自己的家——她从小生长的地方。

在高速开上五个小时，已经到了父母家的小镇，现在是凌晨4点，袁满在宾馆开了间房先住了下来。

她在这种状态下来看望父母不是好主意，可是她一打方向盘就这么来了，而且国老留的作业里，提示过让她到乡村里去。袁满各种思绪、情绪在脑子里闪过，终是抵不住长途奔袭的劳累，她沉沉睡了过去。

醒来时已是下午了，袁满做了简单梳洗，便驱车前往目的地。

家乡就是有这种魔力，只闻到乡土的气息就已经很心安很快乐了。

老家坐落于村庄里，是村里修建得最好的房屋。院子很大，鲜花盛开，幽香扑鼻。实际上，她的别墅的院落设计是参考老家的。别墅的游泳池对应着这里的一方水塘，那是她曾经喂养白鹅的地方；别墅的银杏树对应院子最外围的朴树，那是她最喜欢的歌手的名字，树下是她沉思的地方；别墅的花坛对应这里的花圃，不是用石砖铺的路面，而是纯泥土再混些沙石。五月该开的花都开了，粉红与猩红的月季、火焰似的美人蕉、散发幽香的金银花、争先恐后从栅栏里探出头的各色蔷薇，还有蔚然成丛、看着像雏菊的一年蓬，到处摇尾巴的狗尾巴草，这是她唯一抓在手里却不心疼的植物，爸妈还给它留着一块地方。

花圃还是这么乱，却又是这么亲切自然。她不由得抓起狗尾巴草，像小时候一样在指肚里捻着粒粒小籽，心里无比欢喜。她在播种，也许不久的将来，这片花圃将是狗尾巴草的天下。

她往后退了几步，抬头看着房子，蓝天白云下的房子有一种独特的美，它静静矗立，树叶掩映，花草环绕，蝉鸣声声。袁满给它拍了张照。

农村的房子很大，实际上，它除装修不够奢华无法与别墅媲美之外，其他一切都跟别墅一样。桃李满天下的父亲很显然有极高的审美趣味和育子智慧，从小就让袁满住在离自然最近的地方。

午后的时光是静谧的，爸妈应该在午睡，怎么大门锁着？爸妈惯于把备用钥匙藏在院子一块活动的砖缝里，袁满移开土砖，取出钥匙开了门。

家里干净整齐，家具井然。袁满放下行李，找把椅子坐下给爸爸打电话。令袁满没想到的是，爸妈竟然还在地里干活儿。

袁满换了一身粗麻衣服，打着伞，顶着烈日向地里走去。以她现在的能力无须做农活儿养活自己，太阳也会晒黑皮肤甚至晒出雀斑，但是袁满还是希望重温一下曾经的经历，她想做回那个曾经帮助父母锄草的女孩，**人到一定的地步，有些曾经的经历突然就不见了，与久违的自己相逢是一件高兴的事。**

爸爸头戴草帽，低头锄草，汗流浃背，母亲正在采摘番茄，他们如此专心，以至袁满到来他们都没有发觉。

袁满笑了笑，起了捉弄的意思，她拾起地上的锄头和草帽，压低帽檐，默默在地的另一头锄草。她锄了一垄地，突然听到妈妈喊："那女娃子是谁啊？"

"那女娃子是我啊！"袁满摘掉草帽，朝二老眨了眨眼。

"是满满！赶紧放下，这些粗活儿女孩子哪能做？"爸爸说着就跑了过来。

袁满并没有停手，却提出："老爸我问个问题，你要是答好了，我就听你的。"她捋了下头发，继续说："每个月我给你们寄过钱了，你也有退休金，这些也足够你和我妈活得自在了，为什么大热天还下地呢？"

老爸一愣，这问题还真把他问住了。他图啥啊？

"像你爸之前上班有个事做还好，这退休了，成天闲得慌，就一定要跟着我出来劳动。"妈妈一边给落地的番茄枝搭着架子，一边接过话茬说，"你爸说了，这劳动就是头顶天、脚踩地，人在天地中，天地人合一，其乐无穷。"

这一对被太阳晒得黝黑的老头子、老太太，兴高采烈地告诉袁满收获的茄子、番茄、黄瓜、空心菜送给了谁谁家，谁谁家又回送了哪些好吃的。天空蔚蓝，白云悬垂，置身于茫茫绿色的海洋中，尽管热浪挤迫身体，但是又有什么要紧呢？

06

产生爱的两个条件

一个内外失衡的人，是不可能产生爱的。然而要让人的失衡达到平衡，就需要通过劳动的方式。

袁满在家里待了七天，这七天她竟然没有一次想到婚姻的事，更没有向爸妈提这件事。"锄禾日当午"可不是一般的经历，想一想那种在烈日下锄地的场景都让人恐慌。种地的经历一直在唤醒她的感觉，这种感觉的体验取代了烦扰的念头。腿疼、腰疼、背疼、手磨出血，这些感觉体验近在眼前，如此真实与强烈，占满了她整个身心，哪有其他念头敢出头？

尽管身体到处在疼，但是心情却是愉悦的，袁满也不清楚是怎么回事。知女莫若父，父亲旁敲侧击问起她如此反常的行为，她的回答是在做国老布置的作业。聊了国老的一些事，二老大感兴趣，也打消了对她婚变的疑虑。

离别时爸妈送了不少的新鲜果蔬，袁满只好收下。回到别墅却发现家里没人。

"小贤怎么了？你为什么不早点儿告诉我？"袁满十分生气。

"你们家那一位不让我告诉你的。他说这点儿事不能让你担心。"岳阿姨很耐心地说，"小贤只是睡觉蹬被子，吹空调着凉了，医生说开点儿药就好，不过打针效果快些。郑华不放心就办了个住院，现在小贤快好了。"

袁满马不停蹄地赶到医院，看到郑华也在，她想立即质问郑华有什么权利不让她知道孩子生病的事，但她一开口势必会打破病房融洽的氛围，让小贤不知所措。突然她心中很悲凉，**女人，你的本质是关系，**

和孩子的关系，和公公婆婆的关系，和丈夫的关系，种种关系都是羁绊，成为束缚手脚的顾虑。

"小贤乖，听护士姐姐的话，好好打针。"病房里，护士换药，袁满配合着安慰孩子，"等病好了，妈妈带小贤去游乐园玩，玩小贤最喜欢的碰碰车。"

"妈妈，爸爸也要去。"小贤喊道。实际上他手背上是留置针头，护士不用扎针只是来换药。他快康复了，气色很好，生龙活虎的。

郑华笑了笑，没有接话。小贤又喊道："爷爷、奶奶、婆婆也要去！"

"小鬼头，婆婆才不去呢。你又想骗婆婆给你买冰激凌了吧。你这病要是好了可不敢给你买冰的吃。"岳阿姨笑着说。

袁满到来时，国老正在书房挥毫，字体遒劲有力，气势雄厚。袁满静静看完，正是五个大字——"为人民服务"。这是国老应某个志愿者中心的要求题的字。

"你很不错。"国老打量着袁满，说，"你是真下过地的。"

袁满身上到处都是当午劳动的痕迹，只不过有心人才能看出来。袁满很高兴听到国老这样的评价。

"我小时候就跟爸妈在田地里做事，劳动是一件很正常的事，那时候觉得很苦很累，所以我努力读书。相比于劳动，我更爱读书。但是，我没想到我再次下地劳动，却感受到了不一样的东西。"袁满沉吟了一会儿，张了张嘴，却突然不知道如何措辞。

"如实，表达，你的，感受。"国老看着袁满的眼睛，词词停顿。

是的，不需要措辞，只如实表达自己的感受就行了。

"回娘家前，发生了一件不好的事情。"袁满决定实话实说，将撞破郑华与秘书亲密的事全部说了出来。

"从大厦离开，开车，再到爸妈院子里，我脑子一直想着那个女孩，我一直看到那幅令我愤怒的画面。但是，我这么注重生活仪式与格调的人，我脱掉名牌衣服，换上干农活儿穿的粗麻衣服，现在我脑里想到自己拿着锄头锄地的画面，我自己都觉得怪怪的。奇特的是，我拿起锄头那一刻起，那个不好的画面就淡了，最后完全消失了，我甚至在那几天都没有想过那件事，我所有的愤怒、委屈、屈辱、报复，所有的情绪都消失了，心的容量豁然更开阔了，好像那件事无关紧要了。"

"那些情绪现在回来了吗？"

"回来了。淡了很多。好像那件事很遥远。"

"你还能想起在地里干活儿的情景吗？"

根本不用想，提起这个话头，那些画面就在袁满的脑海里放映了。她真实地把当时的场景向国老描述了一遍。

"当下，你脑子里还在想那些负面的事吗？"国老突然问。

"没有想过。"袁满觉得很神奇，她开车、睡觉、做事，突然之间那件事就闯进来了，但是她回忆了几个小时的劳动场景，却没有受到那件事的打扰。她像一个期待后续故事的孩子一样，渴盼地看着国老，希望他能释惑。

"爱的产生，有两个条件。"国老开宗明义，说，**"我们先说第一个条件，就是让人达到身、脑、心三者的平衡与和谐。简言之，即内外平衡。"**

"内外平衡是什么？"袁满曾解剖过人体，对人体的脏器、肢体的对称平衡有极为深刻的印象，她没有弄明白人有哪些不平衡。

"大约一岁时，我们会从婴儿期跨入幼儿期，这是人的第一次重大蜕变。原来四肢着地的现在能用两条腿走路，原来只会咿咿哦哦的现在能说出表达意义的语句。"看到袁满还是茫然，国老直接点明道，"如果打个比喻，婴儿期是内外不平衡期，而幼儿期是达到了平衡。"

"他们是怎么达到平衡的呢？"袁满接着问。

"劳动。"国老说。他看着袁满惊愕，很认真地重申道，"也许你觉得太不可思议，也许你觉得简单得不敢相信，但是我说的是事实。**劳动会让人达到内外平衡。劳动，是产生爱的第二个条件，也是第一个条件**。"

袁满注意到第一个条件与第二个条件的重叠性，她问："你是说劳动与内外平衡是统一的关系，两者不可分割？"

国老赞许地点了点头，说："两者相互依存，你中有我，我中有你。劳动怎么与平衡连在一起呢？我们可以看看孩子怎么学步、学语的。大约一岁时，大脑皮层中控制运动与语言的神经中枢已经成熟，但是婴儿还是不能流畅地直立行走与说话。家长们可能没意识到，孩子们一直在努力训练，他们的肺很有力量，喉头的韧带很灵活，再加上口腔、鼻腔、颅腔一起施加影响，气流就开始乱了，所有的发声器官单独运作是平衡的，但是一起合作就失衡了。所以，孩子看到人就咿呀，没看到人他自己也在练发声。他们一直在日夜劳作，并乐在其中，直到有一天，你突然发现，孩子竟然会说话了。他们直立行走也是如此。"

"小贤也是爬啊爬啊，站起又跌倒，不断试着，突然有一天就会直立行走了。"袁满脑中浮现孩子学步、学语时的情景，对国老的话产生深深的认同。"只是他们是在做运动，也可以说是做训练，这跟劳动有关系吗？是要把运动、训练称为劳动吗？"

"不是。"国老解释道，"**世人的观念里是把创造财富或创造价值的活动称为劳动，这个观念把我们的身体、脑、心分离出来，让我们离自己的心越来越远了。大家都在讲的运动、训练是有目的指向性的，是想创造财富的，这不是劳动。**"

"运动是为了身体健康，训练是为了掌握某种技能，小孩子是这样学会说话和走路的，不应该是这样吗？"袁满依然不解。

"我知道这个理解起来有点儿难度。"国老顿了顿，沉思许久，说道，"**试着去劳动，不带任何目的。**你之前做过的。"

是的，袁满做过。全身的重量压在脚上，脚板压得僵麻；锄柄摩擦手掌，掌心灼痛；汗水顺着头发流下，头发贴着皮肤，全身每一个毛孔都在冒水，湿漉漉的。袁满锄草的时候，身体和心理上其实都并不好受。

"当时你全身都不好受，但是你还能应付。"国老声音如梦呓，缓缓说着，"你想继续下去，因为你的大脑没有计算得失，你的大脑是空的。你的心跟大地一样纯朴，你的心让你感受到难以名状的愉悦。相比身体的疼痛，你的愉悦感更强烈，因为此刻你的身体完全属于你……当你的身体完全属于你的时候，你的感官灵敏了，此时此刻，没有一件平凡的小事，一切事物都是那么神奇，风成群结队冲来跑去，阳光一缕缕射进地里，结果实的、没有结果实的庄稼耐着性子，积蓄力量，一旦甘霖下来就拼命往上长。你的手不停挥动着，你跟它们融为一体，血液冲上心泵又退回来，不断冲击血管里的脂肪淤塞，移位的五脏在不停的挖地声中回归正位，僵固的结石、筋、软骨、经脉开始软化舒通，积压在胃、肠、肝上的杂质与毒性随着汗水排出来……"

国老的引导语结束后，过了好久，袁满才从回忆中醒了过来。

"孩子在学步时，会想着一定要学会走路吗?"

"不会。"

"孩子在学说话时，会想着一定要学会说话吗?"

"不会。"

"你下地劳动时，会想着一定要收获果实吗?"

"不会。"

"你下地劳动时，会想着种出瓜果才有价值吗?"

"不会。"

"你下地劳动时，会想着对社会有贡献吗？"

"不会。"

"**劳动，是人为了内外平衡而做出的创造性活动**。"国老又道，"如果说有贡献，有价值，那它的贡献、它的价值是让我们体验天人合一的经历，以达到身、脑、心三者的平衡。"

"还记得产生爱的两个条件吗？"

"平衡与劳动。**一个内外失衡的人，是不可能产生爱的**。"袁满继续说出自己的理解，"然而要让人的失衡达到平衡，就需要通过劳动的方式。**劳动本身就是一种让人身、脑、心平衡的好方式**。"

国老眼睛一亮，赞许道："你领悟力很好。"

袁满微微一笑，她相信人们可以在劳动中洗涤不好的思想，从而产生爱，创造爱。

一个独生子女，非常自私霸道，但是，当他有了妹妹之后，照顾妹妹这种劳动使他内外平衡创造了爱。把照顾妹妹替换成做一种家务劳动，同样奏效。

由劳动继而升华为无私付出与奉献，这是由做到个人平衡后，转而追求个人之外的平衡。平衡才能和谐、和谐才能合一。当然，这些道理是袁满经历更多后的感悟。

07

爱的第一性是吸引性

所有婚姻的不幸，各有各的不幸；所有婚姻的幸福，却拥有相同的幸福。既然婚姻的幸福是相同的，婚姻幸福的通用模式是什么呢？

水汽氤氲，袁满隐在浴缸水汽里。她抿了一口红酒，放好杯子，便用毛巾遮住额头，在微醺中闭着眼享受热水对肌肤的按摩。每个毛孔都在张开，吸收着瑶浴药包的药性，这些药性的热量在她四肢百骸穿梭，让她非常舒服。她一动不动，念头却很活跃：爱是什么，爱怎么产生，爱与爱情有何联系与区别……她像一个优秀的学生一样，对课堂的知识进行梳理总结。当然，她能够有如此好的心态，是因为国老跟她讲的另一番话。

"郑华还爱我吗？"在谈话接近尾声时，袁满还是忍不住问了出来。

"这个问题意义重大，却又毫无意义。"

国老的回答令袁满不解。

"你在局外看得很清楚，身在局内你就看不清了。"国老说，"他爱不爱你，不取决于他，取决于你自己。在丈夫出轨的情况下，一般女人都会身心失衡，她在抱怨、指责、仇恨，她不可能创造爱。如果**你身心平衡、能够创造爱，你就有爱、自然能吸引爱、自然会被人爱**。所以，这个问题毫无意义。"

"我吸引的爱，不是他的爱怎么办？"袁满问道。

"你看到了什么？"国老拿起一纸挡在袁满双眼前。

"一张纸。"袁满回道。

"你又看到了什么？"国老把纸往后拿开了一点。

"民服。"袁满答道。

"你还看到了什么?"国老把纸又往后拿开了一点。

"为人民服务。"

"你看到这五个字,这是真相。**而要看到真相,你要离它远一点儿,你眼睛不要盯着一个地方,你要放下执念!**"国老耐心解释道,"你眼睛盯着他的爱,你的心抓着他的爱。所以**你会问:'我吸引的爱,不是他的爱怎么办?'当你问这个问题时,你已经输了。**你的念头带有目的性,你创造的爱不纯粹,这样你的行为即便表现出爱,也会变形,有心人能看破。真正的爱,是我创造了爱,我很喜悦,我试着用行动表达对他的爱,至于能否吸引到他爱的回馈,先不存这样的念头。"

袁满浑身一震,只觉身上冷汗出来了,她说:"我明白了,我的爱不能带有执念。我的爱若是纯粹的,不要管能达到什么效果,先像太阳一样无私地把爱的光洒下来,至少先这样试一试。实际上,影视剧中很多这样的情景,丈夫出轨后,太太不吵不闹,比往常加倍地关心丈夫,丈夫反而会愧疚,而小三察觉到了男人的犹豫不决,就会失去耐性逼迫男人离婚,反而暴露了她的本来面目。太太与小三对丈夫的影响力量在此消彼长之中，渐渐太太爱的力量占据上风，把丈夫重新拉回家庭正轨。"

"说得好。"国老笑着点头道，"**夫妻之爱是彼此在人生中最大信心及活力的源泉**，彼此必须对这份爱没有任何的怀疑。如果一方将这份爱作为筹码或负担，在语言中表现出疑问、执着、索取、胁迫的话，对方就会对爱的纯粹与无私有所怀疑，这就击塌了爱情的基础。"国老话锋一转又说道，"从你对现场的描述来看，并不能准确知道郑华的情况。他的情况存在三种可能，你想想看。"

"三种可能？"袁满低声问自己，她力图压抑内心的焦虑与恐惧，把自己从事件中摘出来，以一个局外人的立场来思考这件事情。是的，如果郑华不是她的丈夫，是一个街头卖西瓜的摊贩，这样替代之后，思维突然一片清明，想起了很多她忽略的细节。她思索良久，说："我进去的时候，只是看到女秘书红着脸跑出来，并没有直接看到他们的亲热，所以，第一种情况，他在外面并没有养小三，只是一时性骚扰。第二种情况，他在外面偷腥，有小三了。第三种情况没有想出来。"

"你能静下心来思考，很不错，这两种情况说得很对。"国老赞许地点点头，"特别是第一种情况，如果不细心分辨很难认识到，你能看出来，也说明你试着放下执念了。第二种情况其实分成两种情况：变心了；没变心。偷腥、出轨或养小三，变心了是第二种情况；没有变心是第三种情况。"

"出轨就是背叛，变没变心重要吗？"

"女人一直认为男人是下半身动物，却不知下半身永远拴不住男人，真正拴住男人的是心。若是变心，一切都妄谈。"国老郑重说道，"离婚对男人伤害大，还是对女人伤害更大些？肯定是对女人伤害更大。用人云亦云或义愤填膺的所谓背叛来终结婚姻，让自己受到二次更大的伤害，不智，不可取。除非婚姻真的不可挽回，否则，女人一定要极力挽回。"

离婚的女人更容易无助、孤独与怨恨，从婚姻伤痛中走出来的时间比男人更长一些。特别是那些经济不富裕、没有太高社会地位、能力不强的女性，离婚后的日子比之前过得更艰难。袁满有时看到公园里一些单亲妈妈带着小孩相亲，被对象各种挑剔与嫌弃，单亲妈妈还得忍着，最后虽然拒绝了与男人的交往，脸上却写满失落。

袁满暗暗决定，不到不能挽回那一刻，她绝不能让小贤失去父亲。此时，她问出了对她的决定有重要意义的问题，她说："**变心与没变心怎么辨别呢？**"

国老说："无法辨别，只有到了最后一刻你才能辨别。"

袁满摇了摇头，不太明白。

"就像买彩票，你的数字能不能中奖，只能等到开奖那一刻才知道。"国老把它讲得很通俗，袁满立刻明白了。但是，国老接着补充道："**就像薛定谔的猫，你看它死，它就死；你看它活，它就活。**"

袁满感觉字面的意思都明白，但是连在一起理解，又迷糊了，她问道："那怎么办呢？"

"别去看它。"国老补充道，"做好分内的事，自然地展示爱。"

袁满想到之前自己举的例子，丈夫出轨，太太只需要做好自己就行，不用去试探丈夫，也不用去质问他，不需要辨别他有没有变心。**变心既是一个过程，也是一个结果。**在过程进行中，在结果没出来前，谁都不知道变没变心。太太只要像平常一样生活，自然地展示爱，坚持关心与包容丈夫，能吸引丈夫生出爱，丈夫就是没变心。否则，丈夫就变心了。变心了，最坏的结果也只是离婚。

想通之后，袁满有些兴奋："明白了，我回去做。"

"对，这是你的作业。"国老笑着说。他点了下触摸屏，水壶开始烧水。在轰隆的烧水声中，国老徐徐开口道："所有婚姻的不幸，各有各的不幸；所有婚姻的幸福，却拥有相同的幸福。既然婚姻的幸福是相同的，**婚姻幸福的通用模式是什么你想过吗?**"

"你是说只要遵循这个模式，所有的婚姻都能幸福？世上有这样的模式？"

"有。"国老肯定道，"**幸福的婚姻有'三性一道一支'。'三性'是：吸引性、属性、工具性……**"

吸引性——爱的吸引性。个体创造爱，表达爱，吸引另一方爱的产生，达到爱的交互性的结果——我爱你，你爱我；相爱相付（托付、付出）。

袁满从回忆中醒来，摘掉头上的毛巾，她喃喃低语道："爱的吸引性是我的作业，我要把它做好，达到爱的交互性。"她知道爱的交互性意味着什么。

袁满披上浴巾从浴缸里走了出来，擦去镜上的水汽，拿起吹风机吹头发，柔顺的长发在飘扬……

袁满做了头发。接着在美容院做了洁面与排毒。她在不同的商超买了衣服，之前她一直穿白色的，这次她买的衣服颜色却很多，既有听导购的，也有自己觉得要改变的。她回忆起郑华秘书的发型与服装搭配，跟现在的自己做了比较，以最严苛的标准要求自己。她去了瑜伽房。她去仪态学院。她配了墨镜，换了口

50

红和香水。

小贤出院的日子，袁满好像一个明星光彩照人地出现在病房，引起众人纷纷注目，郑华目光一亮，接触到袁满眼睛时，却闪躲着侧脸。袁满牵着小贤的手。小贤说："妈妈，你太臭美了。"他对射过来的目光挥动小手臂，说："妈妈是我的，你们不许看！"这小鬼开始知道保护妈妈了，袁满感觉心里暖洋洋的。小贤突然停下，回头看向爸爸，然后向前几步拉住爸爸来到妈妈面前。他一手牵爸爸一手牵妈妈，"我要去蹦床，我要吃冰激凌，我要看白狼，我要……"有了爸妈的加入和家庭的完整，小贤恃宠而骄耍起泼来，不停地索要各种玩乐、食物。自郑华被牵过来的刹那，袁满心里开始震动，她不知道小贤是不是知道了什么，她突然鼻子酸酸的。跟儿子不着痕迹的表现相比，袁满觉得自己的行为充满了刻意。

为了讨好郑华，袁满曾学过做菜，这也是刻意的，这不是真的爱。真的爱是愉悦的、自发的，所以她不会再做菜，而是扬长避短，发挥自己女性的优点，自然地展示特长。让自己先魅力四射，把爱的种子播撒出去；再计划去游乐园，这是一次家人齐聚互动的好机会。"小贤真是好助攻，妈妈没白疼你。"袁满此刻感觉无比幸福。

在这场可能的婚变中，袁满要争取家里所有人的支持，她突然发现自己平常对公婆确实没怎么用心，之前的袁满认为大富大贵的家庭什么都不缺，但是现在的袁满却不会这么认为了，实在是没有留心的缘故。若不是这次危机，她真的没有发现她的爱竟然有这么多的漏洞。

家庭中的爱，是怎么落地的呢？最常见的不就是陪伴、聊天吗？ 一般家庭中公婆有急难的情况极少，公婆有喜好特别想得到的情况也极少。所以，陪老人家溜达、拉拉家常，成了袁满很重视并用心去做的事。她陪老头子下象棋，跟两位老人讲述种地的一些事情，告诉他们番茄与辣椒怎么育苗、移栽，是该直立移栽还是卧式移栽；针对二老的高血压与脂肪肝，怎么食补，注意哪些，等等。国老说得对，纲举目张，只要悟透爱了，其他具体的事情突然自动自发地就会做了。

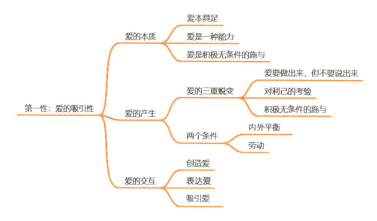

08

你的婚姻有支持系统吗？

原来，感情的功夫，不在于只关注感情，更多的在感情之外。

后视镜里照出七八辆扎着鲜花的婚车，袁满一路开到国老的房子，他们也跟到这里，只不过领头的车辆一个右转弯，其他的车辆也跟着转弯朝庄子里更深的地方驶去。

阳光时明时暗，凉风习习，这是五月里很难得的阴天。袁满下车时，看到国老锁上门，转身向她走来。

"今天凉快，一起走走吧。"

国老背着手慢悠悠地朝村庄深处走去，袁满不紧不慢地跟在旁边。

远处传来鞭炮声，接着听到乐器声、烟花尖啸声与炸裂声。鞭炮烟花放完之后，他们又听到人们的喧闹声、司仪的麦克风声音。显然，村庄一户人家在办喜事。

袁满总算有机会将作业完成的情况向国老说明，她介绍自己形象的包装，对公公婆婆的渗透。她说："他们发自真心地喜欢我，这是我从前没有感受到的。只是郑华依然对我不冷不热，故意避开与我相处。一家人的游乐园之行，他也借故没来。"

她问道："他现在是什么情况？我该怎么跟进呢？"

"他可能在挣扎期，当然也有其他可能。"国老接着补充了一句，"不要去看它。"

袁满明白国老说的是薛定谔的猫，作为自己与郑华关系的隐喻。

空气中散发着硫黄味，地上躺着彩带丝和鞭炮屑，男人们劝酒的声音渐渐大了起来。拐过一个路角，看到一家大院子支着非常大的帐篷，东西向摆着十多桌大圆桌，客人们围桌吃着酒席。一个长辈带着年轻的新郎新娘挨个给每桌敬酒。

看着这对新人自信、幸福的模样，袁满不由得感叹："他们多年轻，多高兴啊！一旦走进婚姻殿堂，他们才会知道一个人与另一个人的相处有多难。"

国老笑着说道："这就是这么多客人到来的原因。你想想今天到席的都是他们什么人。"

"男女双方的同事、同学、朋友、家人、亲戚。"

"对，这五类人，属于'三性一道一支'中的'一支'——支持系统。"国老说道，"在婚姻危机面前，你一直在用支持系统，不是吗？"

经国老提醒，袁满还真的发现，自己一路走来，到处都在寻求支持系统的帮助。她求教于国老，求教于艾鑫，寻得公公婆婆的喜爱与支持……

"支持系统平常没觉着它的存在，现在发现它挺重要的。"袁满一阵后怕，暗想她实在是幸运，没有跟国老结缘，获得他这个助力，她恐怕现在早已蓬头垢面、面容憔悴了。

"我们人生的幸福建立在三大情感上：亲情、爱情、友情。支持系统就占了两样：亲情、友情。你说它重不重要？"

国老讲了一个黑白鱼的故事：一方小水池住着一条黑鱼与一条白鱼，他们私奔于此，没有任何亲戚朋友。刚开始他们对一切都有新鲜感，荷中追逐嬉戏，相互喂食小虫，相互关心。很快，静态的生活让他们激情退去，二鱼相看生厌，一点儿小事就找对方不自在，他们争吵、对骂、摔东西，然后冷战。这样的场景往复出现了很多次，他们一直找不到解决的办法，也不擅长打破"闭关锁国"的状态去找到能帮他们的人。最后他们心如死灰，自我克制，互不理睬。他们生活的水池永远是那池水，没有进的水，也没有出的水，天上从来不下雨给水池注入雨水，周围也从来没有水渠流进活水，水池很快就臭了。两条鱼活在死水里，他们也变成活着的死鱼，一直孤独终老，死去。

很多年后，又一对黑鱼与白鱼私奔于此，他们也没有任何亲戚朋友。他们也像前一对鱼一样，刚开始一切都是新鲜的，后来就争吵不断。但是他们不像前一对鱼一样，除了彼此，什么都不留意。他们关注彼此，也留意外面的事物。青蛙路过，他们请青蛙讲讲见闻，他们听到禾田里青蛙捉虫的生存故事。乌龟爬过，他们听到乌龟沙漠跋涉心向大海的不幸遭遇。小鸟飞过，他们听到小鸟翱翔长空触摸白云的巅峰体验。二鱼的志向被激发出来了，当他们为同一目标并肩作战时，他们的感情联系更深厚了。原来，感情的功夫，不在于只关注感情，更多的在感情之外。只是，即便如此，存于黑白鱼的基因差异依然存在，他们在各个方面都如此不同，他们依然会相看生厌，一点儿小事就找对方不自在，他们争吵、对骂、摔东西，然后冷战。这样的场景往复出现了很多次。他们深知他们自己无法永久性地解决这个问题，因为这个局只有二鱼，他们永远身在局中。于是他们联系青蛙、乌龟、小鸟，他们联系认识他们、能给他们帮助的所有动物，他们总算遇到一条不寻常的锦鲤。他告诉他们所有关于爱情、婚姻的事情。之后，黑白鱼深刻懂得婚姻的真相与规则，他们很幸福地生活在一起。

更神奇的在后面，他们婚姻幸福后，一直不下雨的天开始下雨，一直没有进口与出口的封闭水池突然也多了几道进水渠与出水口。他们顺着水渠逆流而上，游过青蛙奋斗的禾田，途经乌龟负重前行的沙漠，在雷电之夜，他们瞥到小鸟抚摩过的厚云，奋力一跃，化为龙。

听完这个故事，袁满感触很多。

第一对黑白鱼的经历，不就是鲁迅小说《伤逝生》主人公的经历吗？**我们的婚姻都有支持系统，只**

是现在到处都是不用支持系统酿成的悲剧与用不好支持系统酿成的悲剧。

第二对黑白鱼的经历告诉我们，婚姻存在，问题永存，我们永远消灭不了婚姻中存在的问题，但是，我们用好的支持系统可以让问题得到合理解决。**婚姻一直是在问题中奔跑，一路跑一路解决问题。**

幸福的婚姻，才有真正意义上的财——雨水与活水；幸福的婚姻，才能让夫妻把彼此及彼此的问题当成修炼的器具，从而把灵魂提升到更高的层次——龙。在婚姻中，**支持系统支持你的情更亲、你的财更厚、你的境界更高。**

国老接着说："每一个家庭都有支持系统，支持系统越好，婚姻越和谐。**支持系统在好，不在多。**"

"这个我太有同感了。夫妻吵架，男人的朋友在打趣，女人的闺密来拱火；一方父母为女儿护短，另一方父母有男权思想；网红主播说女人要心疼自己、男人不爱女人的几个表现；婚姻专家说婚姻几个坑不能跳、女人选择优质男人的几大标准……这些观点以平等与自由的名义，宣扬功利与自私自利，十分偏狭，各自为主，碎片化、肤浅化、西化，相互矛盾，真是贻害无穷。中国离婚率逐年不降反升跟这些是有关系的。"袁满有过类似的惨痛经历，说到最后有些愤然。

"你的指责是一个悖论。"国老说，"一个人有正确的认知和独立的思考，他不会被这些文化与环境带偏。一个人把错误的认知当成正确的认知，把人云亦云的思考当成自己的思考，他一定会被带偏。所以，**你的正确认知与独立思考，决定了你的支持系统是什么样子。**"

"这样讲的话，清者自清，浊者永远浊下去了吗？这不就成了永远打不破的魔咒了吗？"

"这个魔咒确实不好打破。你所说的浊者是认识不到自己是浊者的，所以，首先可以使用信度很高的肖水源社会支持评定量表（SSRS），以问卷答题的方式弄清楚自己的支持系统是否良好，即认清自己是否是浊者。"国老接着说，"其次，厘清支持系统的分类。支持系统分为自我支持与社会支持。自我支持是个体拥有正确的认知与独立的思考能力，它分为认知支持与意志支持两类。认知支持是一种利用知识与经验解释世界的过程。浊者自浊属于自我支持系统的范畴，且是不良的认知支持。意志支持是支配行为，克服阻碍，实现预定目的心理过程。浊者一旦认识到不良的支持系统，就利用自己的意志支持，把不良支持系统变成良好的支持系统。"

"**怎么把不好的支持系统变成好的呢?**"袁满追问道。

两人绕着村庄已经走了大半圈,天空下起蒙蒙细雨,国老却依旧安步当车。"看不清屋里的秘密,只是因为隔着一层窗户纸,一指捅破就是。"国老边走边说,"**打破魔咒,只需做到两点:自我剖析;持续模仿优秀者**。这两点是一层窗户纸,你们在理论上知道时会觉得很容易,但在没捅破前它是一堵墙,一堵世间你怎么撞都撞不破的墙。"

袁满静静消化国老的话,过了好久,她问道:"自我剖析是不是你所说的自我支持?持续模仿优秀者是不是社会支持呢?"

国老笑着说:"就是这样。社会支持你觉得有哪些呢?"

袁满觉得很奇怪,这个问题她回答过,怎么国老又问呢?她想了半天,最后索性回答:"就是刚才宴席上的那些人:男女双方的同事、同学、朋友、家人、亲戚。"

国老摇了摇头:"你只答对了一部分。事实上,你之前抱怨的网红主播、婚姻专家不也属于社会支持系统吗?"

袁满恍然大悟,说:"我明白了,原来传媒、知识、权威、书籍、影视等，所有可以向你传输价值观、婚恋观的一切，都属于社会支持系统。"

"所以，**不怕路多，最怕选错路**。"国老说。

"不怕朋友多，就怕朋友不给力；不怕父母公婆说道理，就怕父母公婆各有各的歪理；不怕兄弟姐妹多，就怕兄弟姐妹使错劲……"袁满弄通道理后，兴致颇高。

09
支持系统的扩张与强化

她不想看薛定谔那只猫，只是人怎么
能做到像机器一样没有情绪呢？

作为非血缘关系的长辈，像国老一样无私地给予
别人支持的人，非常少见，这是支持系统里的特例。
事实上，即便是对公公婆婆，袁满也得打起十二分精
神相处。公公是个脾气暴躁，但是很正派的人。他不

到六十岁就把家业传给儿子，就是希望锻炼郑华，为集团下一任领导班子做好过渡。赋闲在家以后，公公开始休养性情，喜欢钓鱼、下棋、种花，甚至希望到袁满娘家去感受农家生活，挖挖地，种种菜。婆婆是一个温柔贤惠的女人，做得一手好菜，特别是红烧猪手，酱汁浓郁，色泽饱满，咬一口软糯中带着筋道，肥而不腻，酥而不烂，作为有丰富胶原蛋白的美容名菜，袁满每次想起都忍不住吞口水。袁满心想这辈子都没法学会婆婆的手艺，但是之前学过的名菜谱还是烂熟于心的，纸上谈兵她是行家。

袁满回来之后，已经意识到她的支持系统需要扩张和强化。扩张方面，她一时没有拿定主意；但是深度强化方面，她有事没事陪着二老，这一点成效显著。作为上市公司曾经一把手的公公，很快察知到袁满的心思，话里话外试探袁满为什么郑华连续多天不归家。袁满事实相告，但是隐去了郑华与秘书亲密的事情，正如国老所警告的，薛定谔的猫，不要去看。如果她看了，公公婆婆定会拿这件事质问郑华，郑华一定会猜想是她告密，引起他更强烈的反弹，那她之前的努力将全部付诸东流。看什么，就会变成什么；念什么，什么就会如愿成真，即便这个念头是担心。

在支持系统上下功夫，公婆对老公的影响是颇有成效的，郑华回家了。

袁满想着是搬回夫妻共同的主卧呢，还是继续在客房待着。实际上她在客房等了三天，且房门虚掩着，但是郑华并没有过来。在郑华眼里，她仿佛不存在一样，这让袁满十分难受，一时间各种负面的想法都来袭击她、刺痛她。最后，她下了决心，即便是死，她也要死个明白。

这天，袁满搬回主卧，她看着窗外星光，无法入睡。好不容易下定决心搬回来，仿佛是自己没有坚持立场，迁就了他一般，如果他看到她回来住，会看低她吧。如果他还是拒绝，她多难堪多绝望啊。袁满辗转难眠，披衣起身，恨不得还是回去住客房。她咬了咬唇，最后在门口止了脚步。思绪如麻，妄念起伏。不知过了多久，她听到开门声，接着是皮鞋踩在地毯上特有的踏踏声，不一会儿，房门打开，灯突然亮了。郑华一脸惊愕地看着袁满。袁满坐在沙发椅上，双手抱膝，头埋在膝上，此时她已经抬头，眼睛正定定望着郑华。

郑华不敢与她对视，神色有一丝慌乱，但很快安定下来，他突然转身，拉门，准备往外走。

"等等！"袁满声音不大，但有冷冽的力量，她不想看薛定谔那只猫，只是人怎么能做到像机器一样没有情绪呢？她说："我想跟你聊聊。"

　　也许感受到她痛彻心扉的悲凉与绝望，郑华停住脚步。他扯了扯领带，勉强笑了笑，说："你想聊什么？如果是上次那件事，我没有什么好说的。"

　　袁满在郑华温和的声音里感受到了一种决绝，她的心更加悲凉与绝望。她缓缓地说："那天天气晴朗，我坐在长椅上看书，风吹着很温和，树叶把阳光筛出点点碎碎落到纸张上，也许是它晃了我的眼，也许我有些乏了，我不知道什么时候睡去。梦中我听到一个很好听的声音，纯净还自带混响，他叫道：'同学，同学，你是不是参加了心理健康交流小组？'我迷迷瞪瞪地回答：'是啊。'他又问：'你是不是叫袁满？'我下意识地睁开眼，看到一张俊朗的脸和偷偷的坏笑。他说：'我叫郑华，老师让我组织心健成员，加下微信吧，我扫你。'事实上，我听到他说的情况都对，早已放下防备，却不知这些信息都写在我的书本里。我晕乎乎打开微信二维码，举起手机给他扫，他却看着我一直坏笑。我生气道：'你扫不扫？'他说：'付款码怎么扫啊？你是让我给你付款吗？'我窘到极点，连忙把手缩回。互加微信之后，这个坏东西竟然说这次心健交流要到户外观摩，每人交52元水费。说着把付款码伸到我面前。我总觉得哪里不对劲，最后竟然给他付了款。"袁满声音哽咽，继续说道，"后来我才知道，根本没有这个人，他还骗了我52元。尽管他还了我更大的红包，已远远超过我的钱，但是，他骗了我！"说到这里，袁满泪如雨下。

郑华低着头，他自始至终都没敢与袁满对视。他身体微微颤动，开始剧烈咳嗽，有痰吐出，郑华快速用纸巾包裹，但是他嘴角残留的一丝血痕，依然没有逃过袁满的眼睛。

"你怎么了？"袁满起身来到郑华面前。袁满去掰他的拳头，郑华却防备性地退了两步，他死死攥着纸巾。

"我们离婚吧。"他像偷糖果被大人抓现行的小孩，恼羞成怒地说，"这几天我会让律师起草好离婚协议书。"说完，郑华转身离开。

"郑华一定有事瞒着我！"袁满的直觉是郑华身体出了问题，因此对于郑华第一次把离婚说出口，她并没有觉得多痛苦，反而她有些满足和欣喜。只有逼近真相时，才会破开郑华的防御，让他情绪发作。"既然他不肯说，公公婆婆又问不出来，我就利用其他支持系统来帮忙。"

实际上，袁满一回来，就将支持系统作了扩充，主要分为婚姻支持系统、事业支持系统、教子支持系统。在婚姻支持系统中，她将这些年，与她和郑华有连接，又能提供婚姻支持信息的所有人都列入名单里，她非常重视不起眼的人物，甚至能够充当眼线的保安、保洁都很重视。

她想将秘书约出来谈谈，因为郑华跟她离婚的唯一理由是他的秘书，而不是他身体生病的原因。为了证明他身体生病了，她只有先排除他有外遇的情况。这说起来有点儿绕，其实很好理解，袁满及任何人无法强拉郑华去医院检查，甚至他可能都对身体生病做了最严格的保密措施，因此，只能通过排除外遇这个侧面来证明他离婚的动机不正确。

袁满没有秘书的联系方式，公司人事经理、副总裁她都熟悉，如果向他们打听秘书，势必会留下隐患，于是她找到郑华的上一任秘书，也就是最近一个月离职的秘书——她的小师妹。小师妹，正是袁满社会支持系统里不起眼的重要人物。袁满假借有事找新来的秘书，但没存号码，这样很顺利拿到了最近上任秘书的电话号码。

这是一家雅致的咖啡馆。两人相对而坐。

"在很久的一段时间里我一直很忐忑，一直等不到你的问询，我甚至抱有幻想，你不会找我了吧。"

面前的女孩叫芙蓉，人如其名。袁满曾看过秋天的木芙蓉，花瓣如绢纸般轻薄，白中带粉，就那么静静地站着。叶子不动，花也不动，不用说话，就很美好。它不像红玫瑰那样热烈，不像金菊那样奢华，但是它淡淡的，有一种出尘不染的力量。

"工作的时候，就经常听说总裁很爱自己的太太。我一直抑制对他的感情，深埋心底。"她有一双美丽的大眼睛，长睫毛忽闪着，脱俗的脸庞带有一种少女的羞怯，双颊微微泛着红晕，"我也不知道总裁什么时候看破了我的心思，那天为什么突然那么做……我和总裁真的没有什么的，我只是例行去交资料的……"

她的羞怯，正是吸引郑华的地方，但是，对于袁满来讲，这不用放在调查的首位了，因为郑华还有更重要的事情瞒着她。

10

水观溪与霍力的故事

女人和男人有各自不同的属性。女人
的属性是关系，男人的属性是力。

会诊之后终于找对了病灶，但是这只是一个开始，
后面手术的每一个细节、每一个步骤都非常重要。袁
满意识到，她与郑华的关系到了手术的阶段，所以非
常慎重，这种慎重让她对每一步都精心计算，并在脑

中预演很多遍，但是，尽管她如此周密计算，还是出现了纰漏。

当袁满再次出现国老面前时，已经是十三个月后了，此时进入六月，国老正坐在院子里的树下给池中的锦鲤喂食，很是悠闲自在。

"你怎么了？"尽管相隔一年，国老的笑容依然如沐春风。

"我不太好！"袁满忧心忡忡地道。

袁满整理了下思绪，把一年多来发生的事情详细讲了出来：

袁满跟芙蓉谈过之后，立即找到公公，将所有事情和盘托出。集团公司本身是做医药、医用器械等生意，有指定的专家为家族直系成员的健康负责，公公只是施加了一点儿压力，华医生便说出了郑华威胁他不准吐露实情的苦衷。郑华得了肺癌，时常伴有胸痛、咯血的症状。据华医生说，郑华不愿意积极治疗，他看过姑姑得癌症的样子，虽然经过治疗，生命只是延长了三年，她最后去世的惨状令郑华一辈子都忘不掉。她牙齿暴出，全身只是皮和骨架连着，躺在床上睁着眼睛，眼睛却已经看不见，她说不出话，进不了食，最后是在病痛折磨中饿死的。最重要的是，郑华不愿意死去后，给袁满留下痛苦，希望以一种背叛婚姻的方式，让袁满恨他，从而能很快忘记他，开始自己新的人生。袁满得知实情后，和公公婆婆一起无论怎么劝郑华也没有用，他铁了心要悄悄地消失在这个世界上。

为了防止癌细胞扩散，医生给郑华下了手术最后期限的通知。袁满最后想出一个办法，她劝说芙蓉以爱的激情激发郑华活下来的希望，芙蓉同意了。两个女人为了唤起一个男人生的希望联手一起，郑华也感动于两人对他的爱情，同意接受住院治疗。幸好他是肺癌早期，手术顺利，癌细胞全部切除并以药物防止复发，一段时间的休养后，复查的结果很理想，郑华已经痊愈。

郑华好了，袁满却病了。她的心病是，郑华与芙蓉有情感的牵绊了，郑华却矢口否认。给他二选一：要么调离芙蓉，要么辞退芙蓉。郑华都不选，指责她过河拆桥，袁满反讥均为他故，两人翻脸。袁满心中郁结，有苦说不出，与郑华三天一小吵五天一大吵。

国老静静听完，一边投喂鱼食，一边问袁满："你知道男人与女人的属性吗？"

袁满摇头，表示不知道。

国老微笑道："你亲手制造出来的情敌，需要用时间来解决，要耐心点儿。我们先来解决你与郑华的相处问题。这就要涉及'三性'中的第二性属性——男女属性。"

"男女属性是什么？"

"苹果、鱼、树、鸟都有属性，男人与女人也有各自不同的属性。男人的属性是对男人的性质、行为、思维、习惯、爱好等内容的抽象概括，女人的属性也是如此。"

"男人的属性是什么？女人的属性又是什么呢？"

"这可是惊天的秘密，千百年来夫妻双方都能感受到，却从来没有从本质上抓住它。"袁满很少见到国老如此自豪，心里越发好奇这个秘密到底是什么。

国老说的惊天秘密是关系力。**女人的属性是关系，男人的属性是力**。

从远古到今天，所有的人都有一对共同的祖先，男人供奉霍力，女人尊崇水观溪。他们的本性是火与水，火燃尽成灰，水拌灰成泥，他们都是由泥土制造出来的。

用一种元素来代表女人，这种元素必定是水。水可以辅助所有的东西，你是什么，它便可以变成什么。水的特点是善于配合。在夫妻关系中，作为妻子，她要像水一样柔，一样软，温润如玉，润物无声。而男人用一种元素来表示，就是火。火的意义在于它的价值。它能照明，能煮饭。它的用处，也是它的责任。所以夫妻关系中，对丈夫最低的要求是担责任，对妻子最低的期待是会配合。

水观溪发现自己拥有水的性质，霍力也发现了他火的特性，两人独自生长着，在他们各自擅长、熟悉的领域，两人都自得其乐。霍力学着动物的吼叫，抓着藤蔓在丛林中追逐野兽，他的乐趣永远是在追逐与竞争中寻找快乐；水观溪观察花草果树，在静谧的长日中记住哪些果实即将成熟，她的乐趣永远是毫不费力地摘取果实。

他们崇拜太阳，阳光带给他们温暖与光明。但他们更崇拜大地，大地只是土与水，却什么东西都可以长出来：苹果、香蕉、榴梿……最神奇的是植物，没看到它吃喝就长大了，凭空就结出果实来。植物被吃草的动物吃了，草食动物被吃肉的动物吃了，草食动物与肉食动物被杂食动物吃了。他们发现自己是更高级的杂食动物，他们在高人一等的心理优越感中快乐成长。

在吃喝玩乐的日复一日中，他们感受到了孤独，他们觉得自己是这个世界上独一无二的，永远没有跟他们一样的存在，他们将在漫漫长途中孤独终老。当他们意识到这一点时，他们的世界突然暗淡无光了。

有一天，他们终于相遇了。他们有相同的五官、头发、笑容，他们又有不同的声音、体形、身高。

他们都发现自己拥有对方的一半属性，又拥有对方没有的属性。因为不同，他们相互好奇；因为相同，他们互相倾慕。他们恋爱了。

他们在丛林中跳跃，在草原上追逐，在溪水中打闹，终于，他们选择了一处靠河的山洞作为新婚之家。

相处久了，他们发现了彼此之间更深层次的不同。

水观溪发现霍力的本质是力，跟力相关的字词、相谐音的字词、相近的字词，都是霍力思维与行为的性质——力量、能力、自由、道理、名利、立足。

基于这些性质，霍力享受打猎的过程，他趴伏在草丛中，可以一动不动守候几个时辰，只为了等待猎物的靠近。他做事专注，有一种不达目的誓不罢休的劲头。

他最喜欢看到的是水观溪帮着清理山鹿时，表面是抱怨他把刚扫干净的地又弄脏了，但是眼神中流露的却是掩饰不住的喜悦。他享受这份荣耀。他受不了没有打到猎物时的沮丧心情，他不是因为失败而沮丧，而是因为让水观溪吃不到肉只能吃野菜而沮丧。尽管水观溪安慰他，但是这种安慰更像是战场厮杀中对失败者的诅咒——他不行了。

他的立足点是力量与荣耀，失去它们，霍力有一种一脚踏空的感觉。所以，他受不了水观溪担忧的眼神，对他来讲，她强装开心的担忧，最是可恶。

霍力发现水观溪的本质是关系，水观溪思维与行为的性质——关心、洗、整洁、感受、馆（大屋）、管、系住、心细（敏感）。

刚相处那会儿，水观溪一定要为他们的结婚举办一个仪式。她的本质是关系，而关系是随时会变的，所以她很没有安全感。最后，在水观溪的指挥下，霍力整出了一块像样的婚礼舞台，尽管霍力很讨厌她的指挥。霍力抓住几只会鸣叫的小鸟为他们歌唱，把驯化的小狼作为公证人，撒了一地的硬果吸引一群山獠来观礼，当然它们只会低头捡吃的。他捧着鲜花送给水观溪，水观溪给他回了个礼——硬是给他手指戴上一枚不知从哪里捡来的钢圈，仪式才终于结束。

霍力很讨厌手指上的钢圈，他感觉就像被抓回来的野兽套上项圈一样，水观溪也想驯化他。

结婚后，她很喜欢管人。夫妻只有两个人，一个人要管，另一个人就要被管；一个要当领导，另一个人就要当属下。是的，水观溪总是把她"关系"中附属的天性，倒过来用，她不附属，她要男人附属她，这是一种高妙的招式，因为任何人都看不清她的本质——关系。

水观溪会把地扫得很干净，没有她之前，霍力的住所都是残骸与腐叶，蚂蚁、蟑螂是他的客人，他经常被蚊虫咬伤，现在霍力回家感觉住着很舒服；她会把衣服洗得很干净，让霍力穿着很舒服，没有她之前，他一直忍受自己的汗馊味，打猎的成功概率变小了，因为动物们能闻到他的汗味；她会种植各种瓜果蔬菜，她一度要把这套秘诀传授给霍力，霍力却坚决不学。他觉得他要是学了，身上就又多了一个钢圈。现在他看透了，水观溪一直想办法往他身上套钢圈，现在已经不是手指上有了，头上有，脖子上有，脚趾上有……有的是隐性的，比如水观溪让他每天狩猎后，带一束花送给她；有的是显性的，比如水观溪一次扫地被蛇惊吓后，再不也扫地了，以后把山洞的清洁卫生交给他了；有的是情感上的，比如她时不时给霍力一点儿甜头，捶下背和按摩腿，霍力有点儿离不开她了；有的是物质上的，比如她每次把最好吃的新鲜蔬果都留一份给他，一颗颗摘下来喂他吃，让他享受帝王般的尊崇……他越来越离不开她了，有时他没有捕获猎物，两人也饿不着，因为水观溪种着粮食，尽管耕种的工具都是他磨了好久才做好的，但是他"力"

的基因里，却刻着"没用的男人才吃女人的食物"，所以他很羞愧。长此以往，他对自己武神般的力量开始怀疑。他越来越离不开她了，她烧的菜和烤的肉，比他生吃的肉好吃多了，而且不会拉肚子、不容易生病。他越来越离不开她了……这样的事情太多太多，他开始变得烦躁不安。

从他出生那一刻起，就有一个天神般的声音在他脑海中回响：只要依恋女人，男人就完了。

是的，他感觉他体内的"力"在渐渐流失。

他狩猎时，变得不那么果断，猎物那楚楚的大大的眼睛让他犹豫了，因为他听到水观溪在说那只小鹿多可怜哪。他以前只有掠夺，但现在他学会了感受。

他打磨工具时，变得不那么专心，他要耳听八方，因为他要注意水观溪有没有叫他。上一次他因为没有及时听到她的使唤，被逼得写检查做保证。他以前只有专注局部，但现在他学会了认识大局。

他减少了奔跑的频率，变得不那么爱运动了，因为一次摔断腿让他在家里躺了半年，尽管康复之后他不以为意，但是水观溪限制了他训练体魄的次数。他以前只会莽撞，现在他学会了稳重。

他从水观溪这个最亲密的人当中，学会了她的属性——关系，学会了很多水的属性——柔、软、包容、

配合、忍耐。但是，他感觉他体内的"力"在渐渐流失。在失与得的激烈冲突中，他变得暴躁，并把错误都归因于水观溪。

这样的行为，同样激起水观溪的激烈反抗。她对霍力这么好，这个男人竟然如此忘恩负义。她认为这个男人变心了，不爱她了。是的，她感觉她体内的"关系"在渐渐流失。在为男人付出身与心、付出一切的过程中，男人却想要逃离，想要斩断与她之间的"关系"，这是不可饶恕的。她开始变得神经质，她要用生活中的任何一件事，任何一件小事，任何一句话头，来试探男人的心，要证明他还爱她，她开始不断跟男人找碴儿。

当两人都感觉自己的本质属性在流失的时候，他们如果不调整心态与观念以适应新的变化，相爱相杀就成为常态。

霍力发现两人讲事情，特别是争吵的时候，总是讲不到一块儿去。霍力在讲现在，而水观溪在讲过去。他们的后代的男人自以为是地就事论事，后世的女人自以为是地就事论人，只是一个是在讲现在，一个在讲过去，确切地说她是在讲过去、现在、未来。

霍力认为地球上最像四维动物的一定是女人。在与水观溪的争吵或者事情处理上，她总是把过去、现在、未来，全部的时间，随意切换，随意穿插。她就有这种本事。所以，**当初的他就是没搞明白：为什么有时候就事论事，对女人行不通？就是因为时间变了。时间变了，场景与人都变了，事情肯定就变了。**但是对于水观溪来讲，它是一样的，也就是说过去、现在和未来，对于她来讲就是一件事情。

关系，以情感为导向。而力，以理性为导向。以情感为导向的话，对于事件，她会加入情感的感受性与主观性，而情感的感受性与主观性是没有时间限制的，是包括过去、现在、未来所有的全能时间的，因此她会对人、事、情三者进行加工、编造、设计、剪辑、穿插、蒙太奇。而以理性导向的话，他会真实地反映，或者说较真实地反映这个事的本来面目。**霍力在讲一个内容（事）、一个时间（现在）；而水观溪却在讲三个内容（人、情、事）、三个时间（过去、现在、未来），这三个内容与三个时间也不是真实的反映，而是依感受设计过的。**

总之，**他们一个在讲用力来解决事情，另一个在讲用关系来论证人。**水观溪所讲的三个内容、三个时间，就是在论证男人是否变心、是否爱她，如果他爱她、如果没变心，男人就该承担事情的所有责任，因为女人的本质是关系——男人永远爱她是她的关系中的本质；她认为男人应该为对女人的不善态度而认错，因为男人的本质是力——解决事情不是交给他做的吗？

霍力永远没有弄清楚这个看似有道理的循环，好像怎么做都是自己错的轮回，后来他的后代还是没有弄清楚，他们一直在付出力，却忘了女人善用关系，却也需要"关系"的安慰，有时候你给她"力"的支持，却是鸡同鸭讲，完全会错了意。其实，水观溪才是最可怜的，她的关系是依附在男人的爱上的，没有爱，她还有什么呢？她没有力量像男人那样挖出山洞做房子，她也没有力量像男人那样杀死野兽，这种无"力"的恐惧烙印在她的血液和基因里，她传给了她的同性后代，于是发展出另外一种"力"——关系。以关系来系住男人的心，获得两性主导的权利。

她的后代把关系发展到了极致：清晨起床后，女人开始化妆打扮，她们注意饮食，注意保持好的体形仪态，注意保持青春的肌肤和美丽的容颜，只是因为美的女人更具吸引力。是的，她们的关系，是靠她们吸引来的。她们也会把钱投资到自己的学识上，那是为了在聚会时能够气质高贵、谈吐优雅，吸引更多的同盟者。**关系，向外辐射，是亲近，女人追求同盟者；力，向外辐射，是凝聚，男人需要追随者。**

女人用最粗的绳子系住丈夫，但用更多的丝线系住所有人。她在向丈夫展示她的后援力量的强大，不让他随便抛弃她。她也在向丈夫展示她的魅力，让丈夫明白娶了她是多么值得骄傲的事情，让丈夫要更加珍惜她。

男人善用火之力，火光明温暖，燃烧自己照亮世界，令人崇敬，但是靠近火会灼伤人，男人有领地意识。但是，火看似不近人，一旦有人敢于靠近火并为火所承认，此人与火便成为最紧密的关系。

女人善用水之力，水与万物都能融合，洗涤万物心尘，令人亲近，万物都愿意与水融合，女人有团结意识。但是，万物与水的融合只是表面的，分子并没有紧密连接一起，所以水与物只是泛泛之交。

女人利用万物一切来包装自己，她用有格调的包包、衣服来提升魅力的附加值，她打扫家里把房子捯饬得整洁悦目，她的恋爱奔着结婚而去，等等，都是关系辐射与稳固关系的体现。

男人利用万物来成就自己，他攻克尖端的难题，他要特立独行，他要做最酷的事情，他要做出最非凡的成就。女人用"关系"达到"同"的状态，男人用"力"达到"异"的状态。是的，男人的"力"，就是表现在他与众不同的价值上。不同的东西，才有"力"，否则谁能看出他的"力"来呢？

是拥有"力"幸福呢，还是拥有"关系"更幸福呢？霍力与水观溪争执不休。从生命的终极意义来讲，水观溪的观点更接近正确的答案。关系中的亲情、爱情、友情等都是幸福人生的基础。

亲密关系，落脚于关系，关系又是女人的属性，而关系的本质是"同"。可以说，亲密关系中，女人是关系的主要关心者，男人却不一定。男人的力的本质是"异"，因此彰显男人"力"的方式是男人拥有更多的伴侣，征服更多的女人。这种矛盾一直存在于男人与女人婚姻的始终。**婚姻的功能除了繁衍与伦理，更重要的是用男人来修炼女人，用女人来修炼男人。**在二元世界里，如果一件东西一开始是合一的，它是体会不到合一的妙处的，**只有让它缺少一半，并让它在寻找另一半的过程中修炼自己，找到合一的自己，它才会重视自己原有的一半和自己后天发现的另一半，以及最终合一的自己。**

也就是说，你的伴侣，其实是你寻找的另一个自己。你意识到自己的不完美，需要另一个自己来督促你、训练你、完善你。

最后，你会发现，**幸福的女人，她发挥着女人关**

系的禀赋，但是也学会了男人力的能力；幸福的男人，他拥有男人力的能力，但是也学会了女人关系的禀赋。

幸福的女人越来越会使用"力"——进取、精进、理性；幸福的男人越来越会使用"关系"——柔和、宽容、厚德、感性。

当女人失去水的柔性、包容、配合变成僵化固执，这是最失败的女人；当男人失去火的精进、责任、价值变成懦弱逃避，这是最失败的男人。

当女人对关系无力的时候，她开始把方向转为男人的力（开始作为家庭经济主力），这可能是女人悲剧的开始，因为违背她的本性；同时也可能是女人喜剧的开始，只要她懂得调整角色。

当男人对力无力的时候，他开始把方向转为女人的关系（照顾家庭配合妻子工作），这可能是男人悲剧的开始，因为违背他的属性；同时也可能是男人喜剧的开始，只要他懂得调整角色。

11

男人与女人家庭地位的演变

关系的指向永远是人，而力的指向永远是事。

当水观溪与霍力诞下儿女之后，他们的儿女分别继承了父母的禀性，继续上演着男女两性不同的思维、认知、行为、情感、意志的轮回。值得说明的是，当水观溪成为婆婆后，她与儿媳之间出现了冲突。

女人的关系就是要以女人她自己能影响到的关系为主导。当这个女人化身为婆婆，或化身为媳妇的时候，婆婆的关系就是要以婆婆能影响到的关系为主导，媳妇的关系就是要以媳妇能影响到的关系为主导。三口之家中如果说女儿是在与妈妈争夺影响爸爸的关系主导权，那么婆婆则是在与媳妇争夺影响儿子的关系主导权。

当婆媳因为关系主导权发生冲突的时候，这是非常大的冲突了，因为大家是同性，都知道彼此在说什么、彼此需要什么。两人所争夺的不一定是对儿子/丈夫的爱的主导权，也有可能是在争夺某一件事情、某一句话的主导权。所以婆媳之间的冲突，是全方位的冲突，因为大家是同性，彼此的招数是什么对方都知道。而夫妻因为不同属性，妻子使的招数，丈夫有时看不明白，所以过不了招，这样就避免了很多的冲突点。

现代男人女人的家庭冲突，表面上看起来是争夺主导权，实际上是一方（或双方）的需求没有获得满足。

从男女家庭地位的历史演变脉络中，我们可以清楚地看到需求持续发力的深远影响。

第一个阶段，在遥远的母系氏族社会，女性占据两性关系中的主导地位。当时生产力水平十分低下，妇女负责采集果实、看守住所、加工食物、缝制衣服等等，而青壮男子外出狩猎、捕鱼，通过这样的分工，人类获取生存物资。当时，渔猎工具是石斧石刀等粗笨的打制石器，渔猎技巧也不成熟，青壮男子经常收获甚少，而妇女的采集活动获得的资源比渔猎活动的收获稳定，因此女性的经济价值比男性的经济价值要高，这是其一。女性有一项特殊能力男性无法取代，那便是生育。孩子生下后跟母亲居住，只知其母不知其父，并由母亲抚养长大，为氏族壮大贡献人丁力量，因此女性的繁衍价值比男性的繁衍价值要高，这是其二。无论是经济价值还是繁衍价值，都是为了生存价值服务。在远古恶劣的生存环境中，谁能提供的生存价值更大，谁就能获得两性关系中的主导权。因此，女性是支配地位，男性是配合地位。

第二个阶段，从原始父系氏族社会到中华人民共和国成立之前的漫长时期内，男性占据了两性关系中的主导地位。

在新石器时代中期，随着农业、畜牧业和手工业的发展，以及更加精细锋利的磨制石器出现，男子在生产力上的优势得到体现，男性在生存价值的贡献上占比增大，并逐渐掌握了生产资料，控制了生产关系，促使母系氏族社会向父系氏族社会转变，并导致婚姻制度发生变化，由女"娶"男"嫁"演变为男"娶"女"嫁"。这一时期的家庭中，男性是主导地位，女性是配合地位。

从西汉汉武帝开始，儒家思想成为中国封建社会的正统思想，儒家所提倡的男尊女卑思想，进一步夯实了男女在家庭地位中的从属关系，男性主导、女性配合的封建观念影响至今。

第三个阶段，中华人民共和国成立之后，得益于一些国策的保障，我国妇女获得了更多参与社会劳动的机会，逐渐从家庭私领域中走出去，摆脱了在经济上对男性的依附。尤其是改革开放以来，市场经济为女性就业提供了更加宽松的市场条件，家庭中的两性关系也随之发生了变化，谁是主导谁是配合，双方可以根据彼此的经济价值"看着办"了。"弱"的一方无论是男性还是女性，只要能够配合另一方，在"冲突"的动态中保持平衡，双方感觉自在、舒适就好。

随着生产力的进一步发展和人们观念、认知层次的迭代、上升，当代男女的价值衡量变得多元化，不再局限于经济价值、生育价值等原始层次，而叠加了更高层级的情绪价值、自我实现价值。直白来讲，作为男性，除了要能赚钱，性能力健全，还要能提供陪伴，会沟通谈心，上进有抱负，有责任感和担当，等等；作为女性，不仅要能赚钱，有审美价值，能生育，还要善于配合，懂得呵护男人尊严，擅长赞美和鼓励，知情识趣，有独立性，等等。

丈夫养家，女子养育孩子、操持家务，安稳一辈子的家庭不在少数；妻子养家，丈夫洗衣做饭、鞍前马后，和气一辈子的家庭也有不少。当然，世俗的偏见与非议，可能会动摇本就不太自信的一类丈夫的信念，伤害他男性的自尊，但如果自家幸福和睦，男女双方都想得开，就没关系。

两人一起生活够久了，从自在舒适变得不自在不舒适，正如前文说的，大概是一方（或者双方）的需求没有被满足，双方的价值和心理没有实现动态平衡。时移世易，情随境迁，需求是会变化的，如果一方跟不上另一方的步调，两个人就渐渐不能同频了。所以说，无论男女，要保持自己的成长性，并时刻保持警醒，发现自己落后了，就得奋起追赶。正所谓"鱼不活在死水里，人不活在落后里"。

虽然当代家庭关系模糊了男女之间主导角色和配合角色的边界，但关系力始终在其中发挥着重要作用。关系力衍生三种价值：经济价值、情感价值、性价值。

　　夫妻关系和睦幸福，就是实现了三种价值的对等，是取长补短、双赢互利的结果。当有一方提供的价值与另一方提供的不对等了，另一方会等他成长，扶他成长，希求实现再次对等。很多婚姻到最后还是散了，是因为等了，扶了，落后的那一方还是成长不起来，支棱不起来，那成长性比较高的一方便无法再包容迁就了。

　　关系力衍生的这三种价值是维系婚姻的核心因素，每一种价值的外延极大极多。比如，经济价值不局限于赚钱能力，还有自我实现价值；情感价值不局限于男女之爱，还拓展为整个家族关系和其他关系的情感维系能力，以及个人心智的成长所带给对方的精神能量。在现实中，孩子教育的卷与不卷、娘家人或婆家人的帮与不帮、娘家或婆家亲戚的人情如何走动、朋友同学有困难要不要出手救急，等等，都会不同程度地涉及这些价值，如果处理不当，会直接破坏夫妻感情的融洽与家庭的和谐。

　　现代家庭中，经济价值、情感价值、性价值没有性别上的明显分工，水观溪作为职场女性，她不仅能给丈夫提供情感价值与性价值，她也能提供经济价值。对于霍力也是如此。双方对三种价值都有需求，不是说一方需要另一方会赚钱就不需要另一方的尊重和关怀了。互相尊重是婚姻关系的基础，互相关怀是维系感情的必要手段。

经济价值是显性的，情感价值与性的价值是隐性的。显性价值更容易得到尊重，但是隐性价值更应该被看见。**现代的霍力与水观溪形成一种相辅相成的局面，无论家庭内务还是外部事务，只要女人的话事权与男人的参与和建议权达成动态式平衡，家庭就是和谐美满的。**

女人嫁到婆家，媳妇关心关系（亲密）。男人入赘娘家，赘婿关心尊重（能力的发展）。光让男人支配，容易形成女佣型家庭；光让女人支配，容易形成赘婿型家庭。两者都不可取。

水观溪与霍力的故事讲完后，袁满还沉浸在对寓意的回味中。国老静静等着，见她微笑，知道她有所领悟，便点醒道："你与郑华最近争吵的矛盾点，其实就是在于不明白男人与女人即力与关系的属性以及衍生的三种价值。"

这句话让袁满陷入沉思，她结合自身的案例来分析，结果真的如国老所讲。想明白后，她不由得自我剖析道："我要郑华调离芙蓉，是担心郑华与芙蓉有情感的牵绊，影响甚至削弱我与郑华的关系，毕竟我才是系在郑华这棵大树上最粗的绳子，我害怕其他女人用她的绳子取代我，尽管她这根绳子比较细。郑华指责我过河拆桥，是因为他只知道'力'，只会理性地就事论事。他认为这件事的因果逻辑很清晰，芙蓉是在我的请求下帮助了他，现在他获救了，竟然要赶走救命恩人，这件事情按照他的理性逻辑无法说通。"

国老微笑地看着袁满，鼓励她继续说下去。

袁满受到国老的鼓励，想继续说点儿什么，嘴巴张了张却没说出来。她索性拿支笔，在纸上记录一闪而过的观点。过了许久，她放下笔，说道："**关系的指向永远是人，而力的指向永远是事**。当女人认为有另外一根粗绳子系到男人这棵树上的时候，她感受到了威胁。她与男人的关系就是她的核心利益。受到威胁的时候，她肯定想斩断另外一根绳子。而男人不一样，他认为另外的女人帮助了他，这件事是值得感恩的，所以它是事。男人力的核心利益是责任，他有责任为这件事讨回公道，为他一辈子为人处世的逻辑法则讨个说法，为他男性基因中支撑他男性角色的天赋人设进行抗争，一旦他的男性角色崩塌，对他来讲将是灾难，他将怀疑男性的角色了。"

"**女人的厚德与男人的精进，女人的配合与男人的责任，女人给予男人的尊重与男人给予女人的呵**

护……这都是由女人与男人的属性所延展出来的，关系延展出厚德与配合，力延展出精进与责任。实际上，我们可以列举更多这样具有哲理的对比，但是，这两组对比无疑具有代表性。"

袁满明白国老这段总结，是希望她不要把思维陷在狭窄的胡同里，而是运用生活中更多活生生的婚姻男女的案例，进而由关系力发散出更多的男女属性的哲思，从而更深入地领悟关系力的真谛。

12

女人的被动与男人的脆弱

夫妻争吵，有两个问题，一个是背后的事，另一个是辩论面前的问题。背后的事的处理态度与结果，决定了沟通的破坏性与建设性。

袁满对夫妻相处秘密的兴趣，随着水观溪与霍力的故事，完全被勾了起来。既然男人与女人有如此不同的属性，她不由得问道："了解男人与女人的属性，夫妻沟通中就不会发生冲突了吗？"

"不是。男人与女人的属性，每一对恋人在领结婚证时都应该知晓，因为这是夫妻相处的基础。至于夫妻的冲突，你觉得是沟通上的冲突，还是背后的事上的冲突？"

实际上，袁满问的是夫妻沟通中会不会发生冲突，但是，国老把冲突进行了分解，夫妻的冲突是背后的事的冲突与沟通上的冲突，这种区分科学吗？袁满想起一件事，读大学时她在一个冬天感冒了，当时她与郑华已住到校外，她一整天都没有胃口，没有吃饭。她并不饿，只是特别想念妈妈包的馄饨。当时已近十二点，郑华说："外边小摊早收摊了，饭店也不做这个。"袁满说："你怎么不走出去试一试？"郑华说："明显不可能的事，试了不是白费力气吗？"两人就为此事争吵起来。袁满现在突然看清自己当时的内心：如果郑华去买馄饨试一试，或者走出去假装试一试，或者说些安慰她的话，或者在厨房里去煮现有的食材，她心里都会好受一些，而不会发脾气。

那一次，她与郑华差点儿分手。而通过那一次，郑华学会了一手好厨艺。

结婚后，袁满与郑华复盘当时的情形，郑华说，那几天学校在组织学生临床技能竞赛，他作为志愿者一直在赛场跑东跑西，实在很疲惫。同时，他也对自己的能力不够心感愧疚，于是全力以赴学了厨艺。

她现在突然明白，**女人的属性——关系，是多么被动，多么依赖于男人的反应。而男人的属性——力，是多么脆弱，是多么需要被尊重**。沟通上的冲突，其本质是沟通背后的事没有处理好，是背后的事上的冲突。只要把背后的事理好，相应的沟通冲突根本不成立。

"夫妻争吵，有两个问题，一个是背后的事，另一个是辩论面前的问题。"国老说道，"背后的事的处理态度与结果，决定了沟通的破坏性与建设性。所以，夫妻冲突或争吵时，先反省自己是否做了霍力或水观溪该做的事情。"

"我明白了，把引发冲突的根源事件解决了，沟通冲突便自然化解。"袁满说出了自己的理解，看到国老认同了，便接着问道："你刚才说的辩论面前的问题，如何理解呢？"

"夫妻沟通，其男女属性决定他们是正方与反方的立场，所以夫妻沟通更像是夫妻辩论，在两者意见相左时，越发像辩论。夫妻辩论有三点：一是实质性内容的辩论；二是表面性技术的辩论；三是第三性沟通的工具性。"国老接着说道，"实质性内容包括'三性一道一支'。'三性'中的第一性爱的吸引性、第二性男女的属性、第三性沟通的工具性，以及'一支'的支持系统、'一道'的曲道，都是辩论的实质性内容。这些实质性内容是辩论中的根本性的问题，没有弄清楚，就永远辩不清，也不能理解对立的立场、情绪、用意。但是，在生活中，我们弄清了实质性内容，还是会发生越辩论分歧越大情绪越大的情况，是因为夫妻双方在启动自我防御时，不自觉地用上了表面性技术。表面性技术有修饰性反问、责备性反问、为什么、赘言、理论探究、谈论琐事、假提问题、对抗、多重性提问。"

袁满接过国老递来的纸，上面是一张表格，记录着沟通表面性技术的用法与例句。

名　称	含　义	事　例	应对
修饰性反问	脱离具体的问题，把话题引向道德空洞与抽象的评价	你觉得辞掉工作当全职主妇会跟社会脱轨，难道其他家庭主妇也都跟社会脱轨了吗？	杜绝
责备性反问	以反问形式指责对方，激发对方的反抗	早知如此，何必当初呢？	杜绝
为什么	对另一方有强烈的暗示性，暗示对方的行为是错误的，要他说明理由	(1) 为什么你要和领导起冲突？改为：你和领导做什么了？(2) 为什么你失约？改为：你那里出什么事了？	改为"什么"

续表

名　称	含　义	事　例	应对
质问	直接指出对方的问题，激发对方羞怒与反抗	你答应我少抽烟，今天你抽了一包，你是个骗子！对方回击：你说过买了那个包包要用一年，你今天怎么又买包包了？你不是骗子吗？	杜绝
多重性提问	连珠式发问，让对方不知所以。不能自控、没有耐心的体现	你跟领导是怎么冲突的？你同事怎么看的？你的工作是不是保不住了？	杜绝
多重选择性提问	采用封闭式提问，使采集的信息受到限制，限制了对方的自由表达	对我没有及时回电话，你有什么感受？你是难受，还是怀疑呢？	杜绝
赘言	滔滔不绝地讲与主题无关的话		中断
理论探究	用婚姻专业术语与另一半交谈，回避核心问题，提升地位，试图控制话题主导权		中断
谈论琐事	对无关紧要的小事谈论不止，回避真正有意义的讨论，转移注意力		拉回
假提问题	提出表面上适宜但毫无意义的问题来回避正在谈论的主题		拉回

　　表面性技术，更像有道理的胡搅蛮缠与敌意对抗，对解决问题毫无建设性作用。剔除表面性技术，才能

清除干扰沟通的外部杂乱信号，触及有效的沟通技术。实质性内容中包括第三性，但是国老把第三性单独作为一点提出来，显然有其深意。袁满后来了解到，第三性沟通工具性包括两点：感受表达；情绪管理。

可以说，第三性是关于情绪的沟通，而情绪在沟通中的变数很多，变化很快，很难捕捉，它不像固定的话题或论点是停在那里不动的，情绪一直在变动。而且根据一方的语言、行为的内容，另一方会自动地做出调整，也给予相应的语言、行为的变化，情绪就在双方的沟通中一直在相互碰撞，相互战斗，它贯穿双方沟通的始终，而且经常是隐身的，既让当事人很难察觉，也让当事人很难管理。

情绪具有猝然性、隐蔽性、爆发性，自有夫妻以来，沟通中的情绪问题就从来没有断过，袁满很期待国老能给出不一样的答案。只是令她没有想到的是，国老在关键的时刻缄默无言，他没有给出答案，而是把问题作为留给她的作业。

13

表达感受与情绪管理

无论是人本主义学派的需求学说、精神分析学派的冰山理论、人本主义学派的价值条件化，还是行为主义学派的行为塑造，情绪问题归结于一点——需要得不到满足。

袁满在图书馆待了一整天，实际上有一半的时间她是分神的。脑海里总是会放映初次在办公室撞见芙蓉的场景，然后脑补出郑华与芙蓉搂抱、亲吻、上床的各种画面。尽管她极力不去想它，也极力告诉自己这是想象出来的，但她越努力这样做，潜意识给她的提示越露骨。

在另一半的时间里，袁满找到关于第三性的资料。沟通工具性包括两个部分：（1）表达感受；（2）情绪管理。

在表达感受方面，她的进展很快，可以说是硕果累累。从表达观点到表达感受，是一个跨越，她发现了实现两者转化跨越的常用句式，并且花了点儿时间，把这些句式整理成了表格，她称之为"感受句式"。

应用场景	错误句式：表达观点	正解句式：表达感受	用　　法
工作一天后，状态或心情不好的时候	我发现回到家想静一会儿真难！	（1）能不能先让我缓缓，我今天工作太累了！（2）……我今天心情不好！（3）……我今天感觉很受伤害！	真实表达。用"我太累了""我心情不好"句式
妻子在切菜，丈夫过来帮忙洗菜，但是没有脱鞋	说多少次了进厨房要脱鞋你就是记不住！	厨房地板总是油腻的，每天都要拖地，所以你进厨房不脱鞋，我总是莫名心烦，以后可不可以进厨房脱鞋？	真实表达。用"我莫名心烦"句式
奔波房子的装修，特别渴，回来想要喝水	我要渴死了，连杯水都没人给我倒！	忙了一天，忘了喝水，真是太渴了！	说出原因与过程。用"原因+经过"句式

续表

应用场景	错误句式：表达观点	正解句式：表达感受	用　　法
逛商场妻子试了一件喜欢的衣服，问丈夫意见	我不喜欢这件衣服，不好看	你之前那件要比这件好看，我更喜欢你穿白色系的衣服	只说喜欢的。杜绝说不喜欢。用"我喜欢"句式
夏天妻子让下班的丈夫带水果回来	带一点儿水果回来，我不说你就不知道买	下班可以带一点儿水果回来吗？	把生硬命令变成商量请求。用"可以……吗"句式
妻子做饭，让丈夫辅导孩子作业	你应该辅导孩子做作业	我希望你能辅导孩子的作业	把指责变成商量请求。用"我希望……"句式

实际上，袁满发现的"感受句式"远不止这些，只是这六种具有典型性，它囊括了感受句式与普通句式的重大区别——后者在于破坏亲密关系，前者在于构建亲密关系。也就是说，凡是有利于构建亲密关系的句式，都可以作为"表达感受"的句式。

在情绪管理方面，她有幸见证了历史上杰出的精神专家、心理学家在情绪方面的研究成果。

精神分析流派的创始人弗洛伊德提出了冰山理论，认为人的心理分为本我、自我、超我三个部分，分别对应潜意识、意识、良知。人的意识（自我）只是冰山浮出外面的一小部分，绝大部分都是潜意识（本我）。这三者之间不协调，便产生了情绪困扰。

（1）本我。本我属于潜意识的部分，是人的原始本能和欲望。弗洛伊德认为人的心理情绪问题主要源于人的力比多（性本能）与自我、超我之间的不协调。

（2）自我。自我是意识的层面，是感知外界的部分，按照现实世界的功利原则办事，符合超我的道德规范，满足本我的欲望需求。

（3）超我。超我即道德、良心，主要是受后天社会环境影响而使人追求至圣至贤。

后来的新精神分析学派补充了弗洛伊德关于性本能的情绪学说，开始重视情绪行为产生的外因，认为情绪是对外界刺激的觉知，并提出情绪是一种能量的释放，这种释放会伴随特定的体验和表情。

袁满自我分析：自我想让芙蓉与自己一起激发郑华对生命的渴望，从而接受治疗；本我不希望芙蓉与郑华有情感关系，想独自拥有郑华；超我想让自己报恩，不要难为芙蓉。"三我"之间的矛盾，导致了自己的情绪问题。

人本主义学派代表人物马斯洛提出人类的五大需要，认为造成情感困扰的原因是：能力与需要的不匹配。另一位人本主义学派代表人物罗杰斯认为：个体在幼年的时候没有得到养育者的无条件的、积极主动的关注，作为回应，个体会对自己提出过高的要求，这样的人在长大之后，就会发展出一套苛刻的自我评判标准，称之为"价值条件"。为了达到价值条件，个体不断地歪曲和否认自己的真实体验。这样，即便在成功的时候，个体仍然产生焦虑情绪。因此，人本主义学派鼓励人们做回真我，鼓励人们了解与接纳自己的情绪，当负面情绪出现时，我们不要压抑与排斥，试着去接纳它。当你接纳它时，内心获得平和，自我恢复到本来的面目。夫妻双方在沟通时，有情绪就真实地表达出来，但是表达不是发泄，如果真的控制不住地发泄，绝对不能让情绪伤害到第三者。这个第三者就是孩子。大人有承受情绪的能力，但是，小孩子没有，这些情绪会让他们对社会、对人生充满不安全感，从而会变得自卑、内向、懦弱。

认知流派代表者埃利斯创立的理性情绪疗法成果显著，他认为引起人们情绪困扰的并不是事件，而是人们对事件的态度、认知、看法。因此，通过改变认知，我们可以管理情绪。他开创了 ABC 理论：A 为外界诱发事件，B 为认知，C 为情绪反应。

针对失恋事件 A，B1 认为："我那么爱他，可他不爱我，太不公平了，我要报复他！" B2 认为："我爱他是自愿的，爱就是要无私付出。他没有强迫我爱他，我有什么理由强迫他一定爱我呢？既然不合适，分开就是最好的结局。尽管我很难受，但是我要走出失恋的阴影。"

B1 与 B2 对于事件 A 有不同的认知，导致他们有不同的情绪反应。C1 比较抑郁，充满怨恨与报复心理。C2 心态平和，情绪稳定。大多数人会经历 B1、C1 的历程，这个时候就产生 D 与 E。D 是对不合理信念、认知的驳斥。E 是建立合理的新信念与认知。D 认为："我曾经爱过他，我们度过一段美好的时光，但是在相处的过程中，我们各自发现了对方的问题，只是他比我发现得早，所以他先离开。" E 认为："每个人都有选择爱的权利，他可以选择别人，我也可以重新选择。"

行为主义学派认为，人格是条件反射经历的结果，情绪也是如此。因此刺激-反应的联结可以通用于任何心理、行为、情绪的解释，这被称为经典条件反射。巴甫洛夫用实验证明了这一条件反射的存在：给饥饿的狗看肉末（刺激），狗就会流口水（反应）。后来肉末与铃声同时出现几次后，不给肉末而只是发出铃声（刺激），狗依然流口水（反应）。

美国心理学家桑代克用实验证明了操作条件反射的存在：把猫关进迷宫笼子里，能逃出迷宫笼子的猫能得到鱼肉的奖励，于是猫在笼子里尝试各种机关，直到发现一种成功的行为方式可以顺利逃出笼子得到奖励，于是它一直重复成功的模式。心理学家把由于导致满意的结果而使某种行为的频率得到增加的手段，称为强化；而把由于导致不满意的结果而使某种行为的频率得到减少的手段，称为惩罚。

无论是对狗的实验，还是对猫的实验，这种科学实证的方式获得的结果，在袁满看来更像是寓言故事带来的启示。难怪行为主义流派创始人华生信誓旦旦："给我一打健康的婴儿，不管他们祖先的状况如何，我都可以将他们培养成从领袖到小偷等各种类型的人。"

针对情绪管理，行为主义有各种疗法，包括放松疗法、暴露疗法、系统脱敏、厌恶疗法、生物反馈疗法等。

这些学派中，袁满觉得意义最大的在于行为主义学派中的各种行为训练方法，或者说是落地技巧。西方人喜欢把一件东西拆卸下来，一段一段地分析，所以他们发展了强大的落地技巧。

特别是基于经典条件反射的刺激-反应理论，以及操作条件反射的强化与惩罚的理论，其本身就是落地的技术，是构建整个行为主义的理论基础，它可应用到国老所讲的各个方面。

在爱的产生方面，劳动是刺激，爱是反应。强化（奖励）这样的行为，就能持续产生爱。

在第一性爱的吸引性方面，由爱的行为引发对方的感动是刺激，对方爱的交互性是反应。强化同样的行为，就能收获幸福和谐的婚姻生活。

…………

袁满后来领悟到，所有理论包括国老所讲的理论，其实都属于认知学派，只有把它与行为学派的技巧相结合，理论才会落地，认知才会变成真知。

袁满发现，无论是人本主义学派的需求学说、精神分析学派的冰山理论、人本主义学派的价值条件化，还是行为主义学派的行为塑造，都把情绪问题归结于一点——需要得不到满足。

问题是，①不知道自己真正的需要；②知道自己的需要，却控制不住情绪发作；③不知道正确表达自己的需要和感受（情绪）。所以，解决问题①，可以应用全球知名心理治疗师萨提亚提出的"冰山"理论，从行为—应对方式—感受—感受的感受—观点—期待—渴望—身份，逐次分析个人的深层需求。解决问题②，需要练习萨提亚心理治疗师冥想技术，提升身体的觉知力——这是一项了不得的能力，一旦做到，就可以控制与管理情绪，需要长期训练才有效果。解决问题③，需要用到萨提亚一致性沟通技术。实践证明，这是迄今为止，最有效的沟通技术。

所以，对于这次作业的完成质量，她的信心是非常充足的。

14

夫妻之间的求同存异

要想尽可能消弭分歧，表达感受比表达观点更有效。观点只能引起拥有相同观点的人共鸣，而感受却能引起所有人的共鸣。

从图书馆到家的途中，正值晚高峰，袁满只能跟着前面的车小步挪移，车速比步行还慢。在经过郑氏医疗器械厂时，袁满不经意间看了一眼，发现有一男一女正站在门口争吵，看着像是岳阿姨的儿子、她的那个残疾表哥，认真打量了一下，这不正是表哥和他媳妇吗？

表哥因为右腿瘸了，站立的身子不自然地右倾着，姿势有些怪异。表嫂横眉立目，指指点点，腰上围着白色围裙，像是刚从厨房里出来的。袁满心中一动，开车冲着辅路岔道口开去。以这样的堵车状况，回家至少两个小时，不如去看看。

袁满停车到路边的时候，两人的争吵声也开始清晰地传入她的耳中。

她熄火之后，听到的声音是：

表嫂说："我跟你说几次了，让你抽空去接儿子，你答应好的为什么不去接?!"袁满内心评判：用了"为什么"与质问。

表哥说："我把孩子接回来了啊，还要我说几次啊！"袁满内心评判：表达观点而不是表达感受。

袁满从车里钻出来，关上车门，听到的声音是：

表嫂说："家里一个人也没有，我的小军啊！"表嫂撕心裂肺的哭声渐渐吸引一些人围观。表嫂接着说："我让你守着孩子等我下班交接，你怎么就不听？你就不能多请半个小时的假啊？我让你锁门，你又不锁门!"袁满内心评判：多重性提问与指责。

表哥说："今天走得急，忘了锁门。忘事不正常吗？你问问谁做事情没有偶尔忘事的？"袁满内心评判：修饰性反问。

袁满实在没有想到生活中竟然碰到这样的事情：孩子丢了不急着去找，而是在争吵追责。袁满了解事情缘由后跟他们一起焦急，因为焦急，心理时间感觉很长，其实没有意识到表哥、表嫂争吵的时间只是过了一分多钟。

袁满走到一簇石楠灌木时，听到的声音是：

周围已经有人七嘴八舌劝他们先找孩子了，但是表嫂看到更多人围观，不知道怎么反而越来劲，情绪发作仿佛洪水不泄完关不上闸似的，她说："你忘事你还有理了啊？就你那点儿工资都花在你那烟酒上了，早说了让你在家照顾孩子偏不听，我又要炒菜又要服侍你们爷俩，还要拖地、做饭、洗衣服、接送孩子，就今天让你接孩子，你还把孩子搞丢了……"袁满内心评判：男女属性混乱，男人属性之责任丢失，女人属性之配合颠倒。

在经营婚姻过程中，男女属性颠倒时有见到，主要是女性成为家庭经济主力，从而拥有男性的力的属性；相反，男性承担女性的关系属性，起着配合的作

110

用。**夫妻二人能够意识到这种属性互换，并扮演互换后的角色，婚姻生活也可以十分和谐幸福**。但是，袁满从表嫂的话中听到，显然表哥不承认属性互换，更没有履行属性互换后的责任。

表嫂的话依然钻进耳朵里，袁满没有再理会，急步走到表哥面前，问："门现在是锁着的，还是开着的？"

十岁的孩子在家里不见了，要么躲在哪里玩去了，要么碰到人贩子被拐走，要么被长辈接走了。在家里遇到人贩子的概率很小，所以另外两种情况更可能发生。

表哥看到袁满显然很惊讶，没有反应过来，表嫂也见过袁满，立即闭了嘴。她知道袁满给他们一家出的力，实际上她能进入郑氏医疗器械厂的大食堂领上丰厚的薪水，也是沾了袁满的关系，这是她婆婆——袁满家保姆岳阿姨谋来的。

"门是锁着的。"表嫂脑海浮现家门那个大黄锁，急忙回道。

家门是锁着的，袁满更有底气了：孩子不可能被人拐走。她让两人回忆一下都有哪些亲戚朋友跟他们家来往密切，赶紧打电话一个一个地询问。一番电话筛查后，得知是表嫂一个马大哈的姐妹把孩子接去玩了，却没有跟他们夫妻俩知会一声，结果弄成这么大的误会。当一个人没有觉知力的时候，你很难相信他的脑袋是清醒的。我们日常生活中发生的糊里糊涂发作情绪的事情，事后复盘你都很难相信自己当时怎么就那么傻那么笨。要从根源上解决夫妻的情绪沟通问题，提升本人的觉知力是根本方法。

第二天，袁满来到国老的院子里，国老早早熬好绿豆汤，放入冰块镇着。

袁满将这几天的学习心得向国老作了报告，提到表达感受的作用是觉知自己或他人的未被满足，管理情绪是为了调和未被满足的需求时，国老果然十分赞赏。

"在夫妻沟通中，你觉得大家为了达成一致的求同，还是想表达差别的求异呢?"国老开门见山问道。

"求同。"袁满回答很干脆。

"对，夫妻沟通中求同是大方向，求同才能有合力，才能保持婚姻的稳定，两人的亲密度随之提高，所以夫妻沟通中，最重要的在于求同。"

"你也说过男女属性不同，夫妻二人各有属性、性格、兴趣，很多时候他们对事物有不同看法和不同立场，这时候还是求同吗?"

"是的，就是求同，但允许个性与差异，这叫作存小异，求大同。这是你要注意认识的第一点。"国老接着说道，"**夫妻之间表达的语言，有两种内容：有陈述的事实（客观事实），有表达的主张（主观倾向）。无论是哪一种都是求异。**"国老停下。

"为什么这么讲？"

"**一个人占住一个屋子，住着很舒服。屋子必须住两人的时候，原主人就不那么适应了。他说的每一句话，都是为了他能更舒服。新来的主人，她说的每一句话，也是为了自己更舒服。这就是求异了。**"接着国老讲了一球两拍效应。

一球两拍效应就是，一左一右两个球拍，来回打一个乒乓球。**每个球拍有一条丝线连着球，球永远不会停，球永远不会掉。**如果有永动机，这个球就是永动机。**这就是夫妻争吵的真相。**

一方永远有另一方的话柄，永远能想出反击的方法，无论是讲理，捡陈年旧事，胡搅蛮缠，虚构情节，还是欲加之罪。这已经不是沟通了，而是情绪的猎场。

只有一方割掉连在球上的丝线，或者球拍被击穿、打烂，球才能停下来。

国老接着说道："你用两只手掌摆个'人'字看一看。"

袁满左手掌成一撇，右手掌成一捺，摆个"人"字。

国老笑道："那是个'人'字吗？"

"是的。"袁满还没意识到问题所在，自信地点点头。

在你眼中是'人'字，在我眼中是'入'字。刚才说过了，是摆个'人'字给我看。"国老接着说道，"现在你明白了吗？夫妻沟通之中的两种内容：陈述事实是站在自己立场上的事实，因为你不自觉地加入了主观加工，站在对方立场可能完全不是这么回事，这是求异；表达主张，更是主观上展示自己的价值观、信念与世界观，因此你这些观点无论是属于描述、解释，还是证明、说服，都是求异。"

国老舀了口绿豆汤喝下，接着说道："观点属于语言的一种。**只要有语言，就会有分歧。只要说话，就一定有对立。**它的原理是：语言是概念的载体，语言一出，概念立成。**语言即心锚：一言一法咒，一字一乾坤。**所以，我们要力求避免产生分歧的语言，而要寻求夫妻认同的语言。"

"夫妻认同的语言是什么呢？"袁满心中隐隐猜出答案，但还是希望得到国老的证实。

"是感受。要想尽可能消化分歧，表达感受比表

114

达观点更有效，就像你研究出来的那样：表达感受就是展示自己或他人的未被满足，从而看到彼此所需，以此准确给予彼此所需，达成一致性，建立亲密关系。"国老接着说道，"一间屋里住一个人最舒服，住两个人时，他们的观点经常是相反的。观点是相反的，但是感受是相通的，相通就能接近相同。表达自我感受，不要表达观点，就是让你在爱人的面前呈现出一个有血肉有感情的人，你不是一个没有温情的机器，只有冰冷的机器才会本能地反映'利我'要说的话。"

"原来是这样，观点只能引起拥有相同观点的人共鸣，而感受却能引起所有人的共鸣。"经过国老的讲解之后，袁满终于弄明白"感受"的来龙去脉，这是她在书本里研究不出来的真知。她问道："感受与情绪有什么有关系吗？"

"感受属于情感的范畴，但不是情绪，感受是如一真实地表达内心的情感体验。"国老接着说，"情绪是人脑对外界事物的态度的内心体验，重点在于态度，而态度，是有利害区分的判断。"

"对于自己有利的表现为积极的情绪，对于自己不利的表现为消极的情绪，可以这样理解吗？"

"可以。"国老说道，"你说情绪是展现需求与外界事物的矛盾，已经说出情绪的本质了。情绪是一面反映内心体验的镜子，它的一头连接着内在需要，另一头连接着客观世界。当客观世界不能满足内在需要的时候，会产生负面情绪；当客观世界能够满足内在需要的时候，会产生积极情绪。我们管理情绪，其实就是管理负面情绪。"

"负面情绪太多了，嫉妒、怨恨、愤怒、冷漠这些情绪怎么管理得过来呢？"袁满问道。

"这些情绪都有成因，情绪只是果实，成因才是源头，我们被果实迷惑就不知道它们的源头在哪儿了。"

"原来如此，负面情绪的成因是什么？"

"负面情绪的成因是你对事件的看法，是 ABC（埃利斯的 ABC 理论）中的 B。但是有些 A，是你当时当境无法解决或战胜的，所以你会产生坏 B。这种坏 B 就是负面情绪。造成坏 B 的情境有三种：（1）弱小；（2）意料之外；（3）猝不及防。夫妻之间的沟通，如果一方对另一方的说话内容有所准备，是不会产生剧烈情绪波动的。只有一方说的话，要么揭到对方的伤疤（弱小），要么说出意料之外的语言，要么做出猝不及防的事情，这才会引起双方情绪的剧烈碰撞。因此，负面情绪的触发媒介有两种：一是创伤；二是积压。"国老接着说道，"内心一直在体验着与外界的冲突，并且用压抑、逃避的方式消化情绪，一旦在某个场合突破心理承受的临界点，情绪爆发出来，这便是情绪积压。"

"好像夫妻之中多数都是情绪积压的方式。"

"是的，你想过情绪积压的原因吗？"

"情绪背后的事情没有得到合理解决。"

"还有呢？"

袁满想了想，补充道："不会表达感受。"

"说得很对。除此之外，之所以你会情绪积压，说明你的情绪在当场并没有合理发泄出来，以致出现同样的事情，你依然采用原来的方式逃避或压抑它。同时，这也说明你还处在弱小的阶段，你还无力调和内心需求与外界的矛盾冲突；也可能是事情来得太快，令你猝不及防；也有可能是事情超出你的认知，是你的意料之外。"

"原来是这么回事，看来情绪宜疏不宜堵，有情绪还是用正当方式表达出来为好。"袁满听了国老的反复解释后，终于明白情绪是人体的正常体验，有情绪不可怕，最可怕的是情绪憋成内心潜伏的创伤或躯体被迫接受的疾病。她笑道："所以，有人说夫妻之间过日子，磕磕碰碰在所难免，争争吵吵反而更健康。"

"是的。**夫妻交流中争吵从来不是问题，问题在于争吵后亲密关系被破坏。**"国老接着说道，"积压情绪久而不疏，就会在心灵深处刻下印痕，最后也会变成创伤情绪。"

"创伤情绪又是什么呢？"

"在童年的时候，我们处于弱小阶段，这时候的创伤经历，如果没有疗愈，长大之后依然会把当时的创伤情绪刻在心灵深处，等到条件适当时便会触发，所以，我们常常感受到爱人在某个场景下突然莫名其妙地发情绪。**弱小不是指某个年龄段，童年只是我们弱小的一个部分，其实我们成年了，疲惫的时候，生病的时候，祸不单行的时候，都是我们的弱小时光。情绪既保护我们，也给我们种下心结。**想一想，你有这样的弱小时光吗？"

袁满低头思索，片刻后，她抬头望向国老说道："在一次晚宴的时候，我穿着好看的晚礼服，跟着女伴聊天，心情非常好。郑华过来让我一起去拜见一位名流，他很胖，脑满肠肥、满脸油光的那种。我们见他时，他站在餐桌边，手中盘子里放着意粉与通心粉的混合物，他一边搅拌，一边说话。他说什么话，我一句没听进去，我只是盯着他的盘子感觉非常恶心，然后很不礼貌地走开了。为了此事，郑华与我吵了一架。我也不知道是怎么回事，见到软软的长长的东西就非常恶心，甚至非常厌烦。后来在一次噩梦中惊醒，我才记起六岁的时候发生了一件可怕的事情，当时，在草丛中有一条什么东西爬过我的脚丫子，它爬得很慢，它的身体滑滑腻腻的，黑色细鳞在阳光下泛着金属似的光，尾巴摆动着游走。我能看到当时爸妈那种惊恐的神情，他们像雕塑一样，张着嘴却喊不出声来。我不知道过了多久，冷汗湿透了全身衣衫，最后黑蛇总算远离我们的视线了。就这一次，让小时候的我常在噩梦中惊醒。那些有很多弱小时创伤经历的人，该需要多么强大的心灵啊！"

袁满又感叹道："幸福的人用童年治愈一生，不幸的人用一生治愈童年。所以，**夫妻两人相处真难，两个人可能都是千疮百孔的人，**对方带着伤问你要药，你也带着伤问对方要药，而彼此可能都没有疗愈对方的药，因为这些伤，在遇到彼此之前就已经留下了。"

国老笑道："不用这么悲观。已经有很多理论与技术来应对这类问题了。其实你已经找到了答案。"

袁满疑惑地看向国老。国老说道："你说的四大流派，都有一套方案来解释并化解情绪问题，你忘了吗？"

"真的，我差点儿忘了。"

"试着用这些理论分析下你的案例。"国老不放弃任何训练袁满的机会。

袁满陷入思考，许久后，她沉吟道："在精神分析学派中，本我把我对于蛇的恐惧深埋于潜意识里，只是通过似蛇特征的事物由自我的意识显现出来，超我告诉我勇敢，而我没有做到，这一点让我一直处于超我的嘲笑之中，'三我'的冲突最后形成我长久的心结，直至宴会时由食盘里的意粉与通心粉触发我深埋心底的情绪。"

"不错。接着说。"

"在认知学派中，我对蛇的恐惧认知，源于它与我接触时我感受到的异于寻常的触觉，蛇爬到我脚上便是诱发事件。所有的蛇都是有毒的，是邪恶的、恶心的，这是我的认知。我本身的恐惧，父母惊恐的神情也证实与加深了我的恐惧，这是由认知产生的情绪反应。所以，纠正对蛇类及类蛇特性的东西的认知，就能消除我的恐惧。"

国老微笑点头。

袁满接着说："在人本主义学派中，我有安全的需要，但是我又没有战胜蛇的能力，对于这种冲突，我用逃避和压抑的方式来化解，结果我对蛇及类蛇特性的东西的恐惧情绪，一直没有得到合理的释放，而是一直积压在心里。当我们有需求的时候，我们就会有压力。越急迫满足需求，承受的压力越大，因为我们控制不了事物的发展，我们真正能控制的东西并不多，我们越发焦虑不安，把创伤情绪带到家庭中来，在最亲密的人身上疏泄，也伤害我们最亲密的人。我用大人的价值标准，一直要求自己做个勇敢的女孩，但是我做不到。我没有承认自己的无能与弱小，我没有接纳真正的感受和真正的自己，所以世俗的价值标准与我的需要、能力又产生碰撞，让我的真实情感变得不是我的，而是变成大家要求我的。身上好像有两个我，两个我越行越远，真我在离我远去，而常驻这副身体的我却感受着不是快乐的快乐，体验着不是幸福的幸福。无条件接纳自己和自己的感受，利用萨提亚冥想训练自己的觉知力，就能察觉情绪，管理情绪。"袁满沉浸在自己的世界里，眼角渐渐湿润。

国老倾听着，把一张纸巾递给袁满，他没有说话，只是静静等着袁满平复情绪。

袁满攥着纸巾，过了好一会儿，才继续说道："在行为主义学派中，蛇碰到我的脚是刺激，恐惧是反应。刺激-反应的联结，使我的情绪发生泛化，泛化的情绪驱动着我进一步行动。即便在没有蛇的情况下，只要见到类蛇特性的东西，我依然会恐惧。并且在多次的类似的恐惧中，这种恐惧得到强化，使我更加恐惧类蛇特性的东西。只要采用系统脱敏法，能够面对并适应逐次加大的刺激源，就能够战胜对蛇的恐惧。"

"你说得非常好。这些学派的方法，你适合哪一种就用哪一种，也可以混合使用。用这些方法就能训练我们管理情绪的能力。记住，看到即疗愈。不过，做到这些，需要坚强的意志，保持觉知、自省与精进。"国老说完话锋一转，"这些方法属于渐修方法。除了渐修方法，还有顿悟之法，只是这种方法更难为常人所领悟。"

袁满来了兴趣，请求国老多讲几句。

国老摇了摇头，最后总结道："之前我们说过，情绪是内在需求与外界冲突的心理体验。内在需求是什么？是你的利益。当你没有利益的概念的时候，你便不起情绪。刚才我们也说过，负面情绪在三种情况下给我们种下心结——弱小、意料之外、猝不及防。当'我'不存在的时候，便不会有弱小、意料之外、猝不及防，便不会起情绪。"

"怎么我每个字听得懂，连成句子就不懂了啊？"袁满越听越糊涂：我怎么会没有利益？我怎么就不存在了呢？

"不懂很正常，悟到是福气。我送你两句话，就看你以后有没有这种机缘了。"

袁满觉得这些话，无法用理性的逻辑来一段一段地解剖分析，放到整体就像一座巨大的远山，看着非常有压迫力，越看越模糊。她打起十二分精神，紧紧盯着国老。

"你记牢两句话！"国老一字一句道，"**人在梦中。心外无物**。"

袁满没想到的是，国老的两句话让她更加不可理解了，她越发迷糊：字面的意思都能理解，可是我们就活在现实的客观世界中，这两句话却是有违科学的。

15

摆脱女人属性的支配

他感觉她更加沉静了，也越发神秘了，她像另一个男人跟他一同思考，又拥有女人独有的敏锐感受，让他忍不住好奇想探索她在想什么。

这是一间位于商业街繁华路段的美容院，她是这里的顶级会员，芙蓉约她见面的地方就是在这里。

袁满学习结束后，便接到芙蓉的电话。芙蓉说要跟她聊一聊，袁满没有想到芙蓉约来相见的地方竟然是一家美容院。实际上，她与艾鑫这样的挚友才会相约在这里，而芙蓉不属于这个关系。

"满姐真是贵人多忘事。"在 VIP 豪华贵宾间，两人躺在美容床上，由着美容师净面。袁满无法看到芙蓉的表情，但能感受到她的语气不善。只听芙蓉说道："你忘了，就是在这里，你和我制订了拯救郑华的计划，是你说要让我用我那年轻的爱情激发他活下来的欲望。"说到"年轻"时，芙蓉故意加重声音，这是对袁满毫不掩饰的嘲讽。尽管袁满当时用这个词时，并没有芙蓉现在所说的意思。

"我承认当时我被这里的奢华震撼到了，我现在也有实力成为这里的百万会员。"芙蓉像是一个孩子在向大人宣告她取得的成就。她接着说道："我相信你知道是谁让我拥有这种实力的。"

袁满很后悔，她实在不该答应这次见面。从前那个说话都带着羞涩的芙蓉，现在怎么变得如此刻薄？袁满有些生气，不由得刺激她道："你现在承认了，你就是为了钱才答应我的请求。说吧，离开他你要多少钱？"

袁满听到芙蓉略显夸张的嗤笑声，芙蓉反问道：

"说吧，离开他你要多少钱？你打得好如意算盘，我也不傻。只要你离开他，多少钱你随便开，郑华的钱就是我的钱，我是很愿意支付的。"

要不是美容师还在脸上按摩，袁满真忍不住扇她一耳光。她有什么身份来跟我这样说话！我才是正室夫人，她还不算是小三的女人，有什么资格跟我这样叫板！袁满努力深深吸气，压抑怒气，平静道："今天约我过来，就是故意来气我的？"

"你也知道受气的滋味啊！"芙蓉说道，"你让人事部调小苏到总裁办，无非是想边缘我，赶我走。但是，我告诉你，我最恨过河拆桥的人，无论是出于对郑华的爱，还是对你的恨，我绝不会走，我也会让郑华看看你这个蛇蝎女人的真正面目！"

听到这里，袁满被她的话气笑了。小姑娘毕竟是小姑娘，都不知道底牌就开始叫嚣。实际上，袁满很早就要调离芙蓉，但是郑华没同意，他的意思是可以等等再做这样的动作，现在时机已经成熟了，华北区的区域总裁位置空缺，袁满与郑华商量可以把她调到那里当一把手。芙蓉人虽单纯但还是很有能力的，不然郑华也不会迷她。

之所以让小苏来分担她的工作，让她经常出差熟悉市场，就是这个道理。当然，这从实质上是把芙蓉

"赶走"了，芙蓉说的倒不完全是错的。

　　袁满没有向芙蓉解释，她知道解释芙蓉也不会听的，更不会相信。知道芙蓉找碴儿的原因后，袁满反而平静下来。她果断中止服务，结账走人。

　　夏天的星辰很美，温度达 38 摄氏度，净化了天空里的尘埃，使夜空的星辰格外明亮。空调开了，并不觉得热，楼顶整个露天的落地玻璃房，是袁满经常小憩的场所。双面玻璃的设计，使房内的人对外面景物一览无余，而房外的人却看不到玻璃房里的一切。

　　奔驰车特有的响声传了过来，袁满把目光从满天星辰移到楼下马路，郑华的车子已经到了别墅门口。路灯下，郑华从车子下来，然后转身对着院门里的头像识别屏幕，吱的一声，院门开了。此时后座门打开，一个苗条的身影突然冲过来抱住了郑华。郑华仿佛身子一僵，过了好一会儿才推开她，劝说着什么让她坐进车子，最后让司机把她送走。

　　袁满坐回躺椅，静静等着，她听到郑华进门的声音，听到院门前他询问岳阿姨的话，然后没有声响了。

　　袁满看到与郑华抱在一起的姑娘是芙蓉。

　　袁满想今晚与郑华好好聊一聊，话题便是怎么应对芙蓉。显然，之前她的调离方案引起芙蓉很大的反弹，效果并不好，即便她是出自好心。但是，她现在心很乱，她与郑华坐下相谈时，她不知道自己能否不朝他咆哮，不朝他歇斯底里。她的最后一丝理智告诉她，今晚要避开与郑华交谈。

今夜星辰很好，她心情却不好。

她换掉睡衣，穿上衣服，然后开车到市中心的商厦里乱逛。郑华的电话过来了，她说不舒服，就挂了。

第二天，袁满感觉情绪平复了很多，她为昨晚按捺住情绪而庆幸。实际上，她如果昨晚与郑华闹了，她之前一直扮演的宽容、温柔、智慧、体贴的贤妻角色可能要崩塌。现在回想起来，那晚其实是芙蓉一厢情愿的拥抱，她释然了一些，但是心里依然不舒服。她暗下决定："**我要顺应女人关系的属性，也要摆脱女人属性的支配**。"

晚饭后，袁满与郑华在书房里进行了交流。

袁满开门见山："芙蓉找过我。"

郑华拿茶杯的手顿住，仿佛警觉的猫——耳朵竖了起来。

袁满看着郑华的反应，调侃道："你不想知道她找我什么事？"

"你们之前不是经常在一起聊吗？这有什么奇怪

的。"郑华抿了口茶水，似乎漫不经心地说。

之前经常聊的跟这一次有本质区别，郑华显然意识到这一次有问题，但是他不想蹚浑水，这会殃及他这个池鱼。

郑华智商极高，袁满想要掌握这次交谈的节奏和主动权，需要下点儿功夫。她沉下心，静静思考从国老那里学到的知识，以至想得出神，让郑华颇感意外，不明白她怎么不接下去把话说完。

袁满从男人力的属性中知道，郑华对于事情也是抱着解决的态度，而不是关心女人关心的关系，因此她做了反省，并客观地将事情的来龙去脉说清楚。她说："我们之前商量过，就是把芙蓉调离总裁办。前段时间华北区的区域总裁位置空缺，芙蓉很适合这个职位，你心中有数吧。现在她误会了，以为小苏调来分她的工作，是想把她边缘化，赶走她，所以找我摊牌。"

"摊牌？"郑华不太明白袁满的意思，他不知道芙蓉有什么底牌。

袁满笑了笑："其实就是小姑娘的爱情誓言，说永远不会从你身边离开。"

"你别听她胡说。"郑华说道，"我觉得她救了我，可以说是把我从绝症的死亡边缘拉了回来，所以对她发自内心地感激，你说让她去担当华北区域总裁，我十分赞同，我们应该报答她。"郑华看到袁满脸色有些变化，赶忙转话道，"但是我跟她真的没有什么，在我住院那段时间，你想我一个身患绝症的人能干什么事，我能祸害一个无辜的姑娘吗？"

袁满说道："我相信你们没有肉体上更亲密的接触，可是，从她的话里来看，她对你已经有了更深的精神依赖。"

"这也是我头疼的地方。"郑华想起工作的时候，芙蓉柔情的眼神，老是不经意间跟他发生的肢体触碰，甚至是强行对他拥抱，让他十分头大。现在芙蓉做这些举动，还顾及场合，是两人相处的时候才会有的，如果她哪一天不顾及场合了……郑华想想就很后怕。只是现在出于男人的责任与感恩，他不可能严厉地斥责芙蓉，只能思考怎么对芙蓉负责，既不伤害她又能让自己脱身，要有两全其美的办法才好。

相比之下，袁满从始至终都没有跟他闹，但是她也不像之前那样柔顺了，而是有自己的锋芒。他曾经限制她的朋友圈，因为当时来求助的亲朋故旧太多，现在都不见了，而她在择友方面显然更谨慎了；她曾经买一堆烹饪杂志，想要学习做出更好的饭菜，现在她也认清自己在这方面的天赋欠缺，没有再折腾了。

当然，他绝症时故意在 5·20 指责她做饭不行，那只是为了让她恨他，希望他离去后她能早日从他离世的阴影中走出来……他感觉袁满更加沉静了，也越发神秘了，她像另一个男人一样跟他一同思考，又拥有女人独有的敏锐感受，让他忍不住好奇想探索她在想什么。

"其实我觉得她挺可怜的。"袁满的话把郑华从回忆中唤醒。袁满开始"表达感受"，她叹了一口气，说："一年前的时候，她还是一个涉世未深的姑娘，现在，心里却承载了很多本不该属于她的期待、渴望与怨恨。"她定定地看着郑华，继续说："她用情很深。我想，如果这样直接调离她，即便让她坐上高位，她还是满怀怨恨。这个方法不行，我们可不可以不用了？"

袁满在芙蓉那里受气，这个时候对郑华发火完全有理由，但是她没有这样做，反而遵行人本主义学派的方法，把每一个人真的当成有血肉有灵魂有感受的人来看待，这样的话，她的认知同样变了，她表达的方式也完全变了。

从袁满的话中，郑华能感受到她的真诚，他很感激袁满对芙蓉态度的转变，也感激她对自己的理解。他俩又相互交流了一番，只是比较泄气，他们两个高智商的人，偏偏对一个小姑娘丝毫没有办法。

16

婚姻的事要用曲道

婚姻是两个关系最亲密的人的事，婚
姻的事不能是零和游戏，必须是正和游戏，
不用曲道能行吗？

拉开窗帘，刺眼的阳光射了进来。袁满没想到一
觉睡到 11 点。袁满内心觉察到，与郑华的一番彻夜交
流，她这个后院的地位是巩固的，这解决了她一大心

病。她看过很多书籍、影视剧，在这个节骨眼儿，特别是太太被情人或小三嘲笑辱骂的时候，太太有多疯狂，最后令丈夫对太太完全死心，离婚收场。

袁满的另一大心病就是怎么处理芙蓉的问题。她昨晚陷入与郑华的谈论旋涡之中，疲惫不堪，脑袋都不灵光了。现在醒来，突然脑瓜灵敏，她不是还有国老这个厉害的支持系统吗？

袁满给国老去了电话，得到回复之后，她兴致勃勃地去做准备了。

国老让袁满跟艾鑫聊一聊，用曲道来解决她的心病。一个小时后，袁满来到餐厅，艾鑫已经在此等候了。二人选了卡座，便在等餐的工夫闲聊。以她们的卡座为基准，南北纵向有三个四方形的大盆栽。说是盆栽，其实是树，三棵树都有两米多高，树冠成锥状，高大挺拔，枝叶扶苏，如果放在野外森林之中跟其他树之中比较，比较平常，但是种在室内，叶形越发秀丽，青绿油亮，养眼怡心，让人心情为之一畅。

服务员送上做好的牛排、意面、沙拉等，两人边吃边聊。

"真没有想到，这里竟然是你与前夫最后一次沟通的地方。"袁满说道。

"没什么好奇怪的。出门往东走两百米，拐角处就是民政局。我们说好了，这里聊不好的话，直接办离婚，省时省力。"艾鑫自嘲说道，"我当时年轻气盛，做事一向不留余地，所以伤害了他。"

艾鑫喝了一口柳橙汁，眼光静静遥望前面的树，似回想着什么。过了许久，艾鑫开口道："其实，只要我宽容一点儿，是不至于走到那一步的。"

"你后悔了？"

"说不后悔是自己骗自己，说后悔对我俩就太不负责了。毕竟走到那一步，两人都有不对。再怎么说，这也是一段不错的经历吧。"艾鑫笑道，"现在我跟他已经和好，就像兄弟一样的朋友。他跟我现在的老公，也相处得很好。其实哪能不好，他们有太多的相似性。当时我自己都没意识到，我其实是照着他再找的现任老公。"

"我见过很多离婚的单身女人，有的走不出那段创伤，有的失去对自己的信心，有的再婚矛盾重重，日子过得并不好。像你这样幸福的，真不多，你很幸运啊。"袁满感慨道。她以自己之心，度天下女人心，在婚姻艰难的时候，她有时也没有活下去的勇气。

"确实有幸运的成分。这么多再婚的，能跟前夫相处很好，又能找到相爱的老公，实在有些侥幸。"艾鑫道，"但这个侥幸不是凭空来的，它是有方法的。"

袁满心领神会，接口道："你是说曲道？"

"是曲道，也是'三性一支一道'。"

艾鑫说完，两人相顾一笑。

艾鑫点上一根烟，说道："曲道很难很难，我是跟相爱的人互相伤害，走到离婚的下场，才幡然醒悟。我不知道你现在能不能理解，但是，我会尽我最大的努力调动我能用到的所有语言来让你感受曲道。"她指着旁边的树，"你看，没有一棵树是直的。"

袁满明白她的意思，就像没有一片相同的树叶，没有一块水平的地面一样，每一棵树看似是直的其实都是弯的。"你的意思是，曲道——每一件事都不是用直的方式完成的吗？"袁满问道。

艾鑫点点头，又摇摇头："表面上确实是这样的，但是，更深的含义没有说出来。"

艾鑫缓缓吐了一口烟圈，思考了片刻后，接着说道："你知道我是怎么从销售员干起，创业成功成为集团公司董事长的吗？"

尽管与艾鑫关系很近，但是袁满从来没有问过这件事。这也是袁满聪明的地方。她知道艾鑫该说的时候，自然会说的。自己问了，若时机不对或不成熟，反而让艾鑫为难。

"我连续成为年度销售冠军后，突然明白了一个秘密，因为这个秘密我辞掉了工作，开始创业，并最终创业成功。"艾鑫用她一贯的富有煽动性的语气问道，"你开始准备听了吗？"

"准备好了。"袁满确实迫切想知道这个秘密。

"我明白了，财富的本质，其实是把别人口袋里的钱装进自己的口袋里。即，**财富的本质是夺取。获取财富只有两种方式：劫富；劫贫。**"艾鑫接着说道，"我尽量用中性的词汇，以免引起部分人的反感。但是事实就是如此。第一种方式，就是你做富人的生意或者你作为企业抢占其他企业的市场份额，这就是劫富；第二种方式，就是你做一般普通百姓的生意，无论是针对痛点为他们服务，还是发心帮助他们拥有更好的生活，其实都是在做他们的生意，这就是劫贫。"

袁满衣食无忧，对于财富的感受不是特别深，但是她能感受到艾鑫的自豪与激动，她仿佛向客人展示多年收藏的珍宝一样，这份自豪与激动一如当日国老向她讲述霍力与水观溪的故事。

艾鑫说："这也为我的婚姻埋下了祸源。夺取性或者说掠夺性，是带有强烈进攻精神的，带有收割果实的目的性的。就像做买卖一样，虽然把东西卖出去，也不是直夺直取的，也要讲究策略方法，但它用最短的时间达到目的的本质没有改变，而我把这种事业思维与工作习性用到婚姻上，它跟曲道完全背道而驰，最终只能惨败收场。婚姻是两个人，只有两个人，而且是两个关系最亲密的人的事，**婚姻的事不能是零和游戏，必须是正和游戏，不用曲道能行吗**？"

艾鑫讲述的婚变，袁满以前听过。只是，再一次从艾鑫口中讲出来，袁满却有了不同的心境。

艾鑫与前夫艾高是在毕业后认识的，艾鑫为人果敢，做事干练；艾高为人宽和，处事以徐，两人喜好相近，性格互补。新婚第一年两人相处亲密，一年后问题开始暴露了。特别是当艾鑫执着创业压力变大的时候，她时常把工作的情绪带回家里。**按她的理解是，艾高是她最爱的人，她的情绪垃圾不倾泻给他，又能倾泻给谁呢**？艾高虽然比较包容，但是也有事急人急的时候，也就顾不上包容艾鑫了，嫌隙就这样产生，且随着不对等对话的次数越来越多，嫌隙就变得越来越大。等艾鑫终于功成名就，站在纳斯达克意气风发地敲钟时，两人的婚姻出现了毁灭性的危机事件。艾鑫出差回来，在床头上发现女人的长发。

艾高身居公司高层，性格温雅亲人，不乏女同事爱慕，与女同事有一些捕风捉影的暧昧，艾鑫曾经紧抓不放，虽然最后明白是误会，却在艾鑫心里种下心病，现在她发现床头的女人头发，挟公司上市之威，更是咄咄逼人。艾高这一次没有退让，也没有过多解释，反而直接同意离婚。

"分开后再一次聊到此事，艾高承认那一次确实是带女人回家了，他说只是想找回男人的尊严，只是一夜情。他还是想与我过下去的，但是看到我那时候的神情、语气，他知道再没希望了，就放手了。"艾鑫抽着烟猛然咳嗽起来。她摁掉烟，苦笑道："我站在了事业的最高峰，也跌到婚姻的最低谷，真是悲欣交集！"

袁满轻轻拍了拍她的肩膀，安慰道："都过去了，错过了星星，没关系，我们不要错过月亮就好了。"

"对。不会再错过月亮了。"艾鑫笑道，"那时候我最怕夜晚，最怕闲下来，因为闲下来的时候，脑袋会有很多声音折磨我，整夜合不上眼，失眠，狂躁，我受了伤，但是我不知道教训是什么。遇到国老，跟随他学习之后，我才慢慢明白，我的教训是什么。女人的属性是关系，本该是比男人更擅长用曲道的，但是我却在用男人的力，这真是血的教训！"

"国老说过，其实**男女互换属性，只要双方适应并承担双方互换后的角色，也会非常幸福的**。"袁满帮着分析道，"你们互换了属性，艾高可能也没有适应相换后的角色。或者说，他根本不想换角色。"

"哈哈，那个时候我也根本没想过我的属性是什么，我也没想过要换角色。大家就在自以为是的角色里，发现对方的角色正是自己需要的，但是我们却又不交换。"艾鑫想起**那一段鸡飞狗跳的日子，女人挥舞着男人的剑，却在指责男人没有剑；男人种着玫瑰，却抱怨女人不给玫瑰浇水。**这画面让人颇觉滑稽。

"是啊，当局者迷，真跟鬼迷心窍一样。"袁满听多了"改变认知就是改变命运"的话，觉得一个人要是能够不费力地改变认知，他得多自卑听话，完全没有主见。但是一个人若是很难改变认知，他又很难打开新的思维，走向更好的人生。**改变认知，似乎是一个悖论：轻易改变认知的人易受他人影响控制，不轻易改变认知的人难遇到更好的机缘。**

艾鑫抽出一根烟点上，缓缓说道："这就是我们要说的第一个要点：我们都陷入固化思维里，很难跳出来。说我的经历吧，我那时候就陷进他有外遇、他是人渣的思维胡同里，你说这种突如其来的灾难，人怎么摆脱出来？"

袁满点点头，说："**固化思维就像拽着头发把自己拽离地面一样。**"

"这个比喻很好。你看着。"艾鑫拿出两瓶未拆封的矿泉水瓶，并让袁满检查无误。艾鑫从包里拿出一副扑克，让袁满随便抽了一张，她抽了一张红桃 A。艾鑫在扑克上用大笔写了四个大字——"改变固化"，然后将这张红桃 A 的一角撕掉。看来为了今天的教学，她费了不少心思。袁满心想。袁满很认真地看着艾鑫的动作，不错过任何的细节。

"看好了。"艾鑫轻喝一声，双手中的纸牌穿插交错，她在洗牌的过程中，纸牌弹出，像扑火的飞蛾扑向桌上的矿泉水瓶，当所有纸牌都落到桌上时，艾鑫示意袁满从中找出刚才写字的红桃 A。

袁满没有找到。她以为太紧张错过了，又查了一遍，还是没有找到。

艾鑫用手指点了点矿泉水瓶，拧开瓶盖，示意袁满去看，令袁满震惊的事情发生了：写了"改变固化"四个大字的红桃 A 竖直地立在水瓶里面。

袁满清楚记得，明明检查过两瓶矿泉水，都是未拆封的；检查了纸牌，的确是艾鑫写字又撕了一角的那张红桃 A。瓶身是完好的，没有破损，纸牌怎么就跑到里面去了呢？

"记住这种感觉：改变固化，就像是把纸牌装进水瓶里一样不可思议，一样艰难！"艾鑫把写过字的

140

红桃 A 递给袁满，"夫妻由于属性限制、情绪干扰以及经历、知识、习惯、优势、特长等等的不一样，拥有了不同却又坚不可摧的固化思维，当你陷入被出轨、子女非亲生、冷暴力等糟心的事情时，你更容易被固化思维俘虏。因为**你按照固化的思维来思考更熟练也更有安全感，你产生了强烈的防御心理，你产生了很多负面情绪，**所以，耐心点儿，慢慢地来，觉察到固化思维在控制你，你要强烈地要求：我要跳出来！"

"我还是跳不出来，我不明白你怎么把写字的纸牌切到矿泉水瓶里的。我知道一切都是障眼法，但是，我还是跳不出来。事先你把牌放进水瓶里了？不对，红桃 A 是我选的，我一直盯着，你怎么放进去的呢？"袁满疑惑道。

艾鑫微笑，以袁满的情况来看，艾鑫似乎得到超出她想象的效果："这是魔术，要是告诉你谜底就不是魔术了。这也说明改变固化是最难的：用你害怕、不愿意、不敢用、无法想象的方法思维来促成此事。令我惊喜的是，你已经意识到这一切是障眼法了，而且意识到改变固化的艰难，这就足够了。

"曲道的第二个要点是：**以弱化用**。就是以弱的姿态、方式来促成夫妻问题的和谐解决，令对方心服口服。**以弱化用，也是以'弱'化直、硬、刚、强为**

用。"艾鑫接着解释道，"你被芙蓉斥骂，对郑华有怨却不是用直、硬、刚、强的方式来处理你们的关系，而是理性、宽容、平和地与他商量，你们的夜谈，就是以弱化用的典型案例。相反地，你自以为让芙蓉有更好的职位、更好的前途，似乎是对她曾经的帮助的补偿，却忘记你的根本目的是调离她，这对你是最有利的，而你也忘记了女人的属性是追求爱与亲密的'关系'，而不是追求事业的'力'。芙蓉也不例外。这就是以强化用了。以强化用会留下遗患，最终会反噬你。"

袁满重新审视内心，发现艾鑫的分析真的说到她心底最隐秘的地方了。她调离芙蓉是目的，而给她地位只是对她愧疚或者报恩的补偿。

"以弱化用，需要用时间来证明真心，所以，它比以强化用更耗费时间。 而以强化用看重目的性，因此更强调效率。当夫妻关系出现问题时，你若是想用最短时间最高效地把事情解决，一定是以强化用，一定是失去耐心与感情了，请试着想一想历史上七纵七擒的高度、宽厚与忍耐。"艾鑫以销售起步，过于追求目的性与效率，因此事业成功，而婚姻失败。艾鑫从婚姻的废墟中重生，她带有个人色彩的经历与教训如黄钟大吕般敲击在袁满耳畔。袁满也在思考着，如何以弱化用让芙蓉心服口服地离开。

袁满把以弱化用总结为一句话：**帮助他人、还感恩他人接受你的帮助**。这个他人，可以指婚姻关系中夫妻任何一方或其关联方。袁满认为，改变固化与以弱化用，给了人们处理亲密关系的总体方针与原则，以此为准，能从整体上把握亲密关系动态变化的路线，只是操作层面还是比较模糊。

艾鑫说道："要从操作上使用曲道，这就要注意曲道的第三个要点：**反侧切入**。前两个若说成是理论，反侧切入便是实操技术。"

袁满大感兴趣，问道："什么是反侧切入呢?"

"反侧切入，就是从反面的方式、从侧面的角度切入问题。反者道之动，夫妻生活中的道便是以反的方式运行的。相信你还记得跟国老聊过的话：夫妻沟通的功夫，在沟通之外——事。夫妻情绪管理的功夫，在情绪管理之外——发现真我。跳出事物本身，就是一种反侧切入。"

艾鑫接着说道："反有两种含义：一种是婚姻的环境里只有夫妻二人，只存在二人，夫妻双方势均力敌，为了保持势均力敌，夫妻中的一方总是从另一方的反面提出问题、见解、立场。婚姻生活中，举案齐眉少见，更多的是男的做事，女人插嘴；女人办事情，男人打岔。男女一方总是想在与对方不同的意见中彰显自己的存在感——这也说明了，**夫妻二人的存在感，都是以对方的存在而存在，因此才要显示不同意见，才能在对比另一方时，体验到自己的存在感**。参加同学聚会，丈夫说夫妻表现自然一些多好，两人在外吵吵闹闹，不好；对着外人，腻腻歪歪秀恩爱，也不好。妻子就说，你是不是对上次的事耿耿于怀，让你丢脸了，你早说啊，绕这么大弯子干什么。妻子总能从反面看问题并把答案引入到两人的关系之中，而丈夫总能从反面看问题并把结果引入到对自己价值的评估上。**爱人总是跟你不对头，看似在折磨你，其实在修炼你，在成就你**。你接纳了，你就拥有你未拥有的另一方的属性、能力。

"反的另一种含义是从对立面的立场，从侧面的角度切入解决问题。妻子想要买一件衣服，逛商场之前给丈夫做了一桌好菜，然后不说给自己买衣服，而是给丈夫买衣服。丈夫看见给他买了，自然不好意思见到妻子空手而回，因此即便衣服价格令他肉疼，还是得给她买。不然，妻子会把这个事情引入到两人关系的探讨之中，刚才已经说过这事。"

曲道有三个要点：**改变固化、以弱化用、反侧切**

人。袁满默默记住。她看着手里的红桃 A，又仔细打量与艾鑫有关联的卡座、隔板、树等，隐隐有些猜测。

袁满举着红桃 A 说："秘密是不是有人在帮你?"

艾鑫微笑看向旁边的邻桌，那是卡座隔板隔开的一个中年男子，相貌平凡，是那种丢在人海里也不会被注意的人，他站起来微笑着朝袁满鞠躬行礼。艾鑫轻轻碰了一下桌下的隔板，竟然是一块活动板，方便邻桌男子偷梁换柱。

艾鑫发牌切向矿泉水瓶的时候，已经将写字的红桃 A 发到脚下，隔桌男子迅速拿到纸牌，把纸牌竖着弯曲卷叠，插入刚开封的矿泉水瓶里。别看瓶口硬币大小，但是纸牌真的能插进去。艾鑫以手臂贴着，将男子将做好的矿泉水瓶换了回来。他们将整个过程以慢动作演示了一遍。

袁满看得咋舌不已，艾鑫的手速令她大开眼界，即使艾鑫放慢动作，她都不敢眨眼，恐怕错过了。她问艾鑫："这套魔术你练了多久?"

艾鑫说："有空的时候就在练。至少用了一年。要把婚姻中的曲道练好，至少得一年。"

袁满明白艾鑫的意思，曲道不是理论，而是训练，必须有意识地加以训练才能登其堂，要入其室至少训练一年，知其三昧则需要更久。

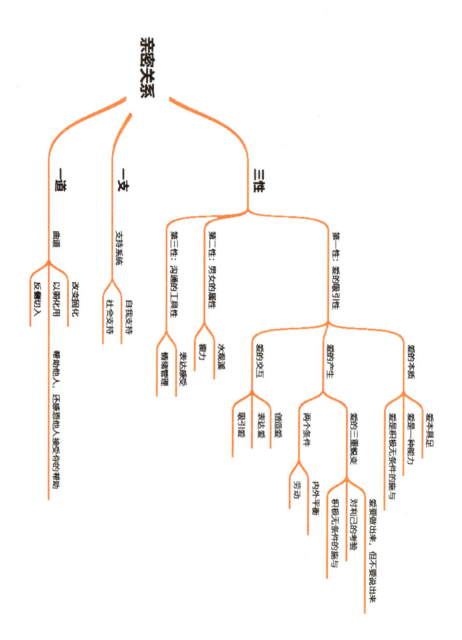

亲密关系

三性
　第一性：爱的吸引性
　　　爱的本质
　　　　　爱本身具足
　　　　　爱是一种能力
　　　　　爱要积极无条件的施与
　　　　　　　爱要做出来，但不要说出来
　　　　　　　对利己的考验
　　　　　　　积极无条件的施与
　　　爱的产生
　　　　　爱的三重嬗变
　　　　　　　内外平衡
　　　　　两个条件
　　　　　　　劳动
　　　　　创造差
　　　爱的关系
　　　　　表达爱
　　　　　吸引差

　第二性：男女的属性
　　　水观差
　　　魅力

　第三性：沟通的工具性
　　　表达感受
　　　情绪管理

一支
　支持系统
　　　自我支持
　　　社会支持

一道
　曲道
　　　改变固化
　　　以弱化用
　　　反馈别人
　　　　　帮助他人，还感恩他人接受你的帮助

　　"现在正好有一个训练的材料，不如你试着分析一下。"艾鑫显然深得国老真传，知道趁热打铁，因境设教，因境施教。

　　袁满知道艾鑫说的是处理芙蓉的两难，既要让芙蓉自然离开，又要让芙蓉与郑华受了恩惠没有遗恨。袁满看着艾鑫一副胸有成竹的神态，不禁起了争胜之心。曲道本来就是国老留给她的作业，她既然猜出魔术的眉目解了第一道题，那么第二道题也休想难倒她。

17

跳出二元对立的怪圈

世上本没有任何利益，利益之心是在对立中生出来的。其他贪、嗔、痴、慢、疑等情绪、欲望，皆是同样的道理。

清澈的泳池里，袁满游了十多个来回，没有停歇，她似乎有意让自己的身体极度疲劳。在这炎炎夏日，黄昏已经非常模糊，室外气温没有降下来的征兆，依然是令人惊愕的 38 摄氏度。岳阿姨拿着浴巾，看着袁满在水里划动，她有些担心。这样游泳不安全。

手臂不知道划动了多少次，只知道手臂很酸，腿很僵，袁满才游回原点，从泳池边的竖梯上了岸。在她的小腿快抽筋的时候，她的脑袋完全清空了，不走寻常道路的想法也出来了。袁满悟出了**曲道的精髓：相反相成**。芙蓉折磨我，也在修炼我，成就我。用在夫妻身上，也完全成立。一念通达后，袁满对芙蓉没有了一丝怨恨。袁满已经知道怎么产生爱、怎么去爱、怎么让爱吸引爱，自然知道以爱的方式感动芙蓉，让她自愿离开。

袁满从芙蓉最在乎最爱的一些人入手，帮助她患有小儿麻痹症的弟弟，帮助她年迈的父母；从芙蓉最在乎的一些事入手，帮助她实现舞台钢琴演奏的梦想。办法虽然看起来很俗套，但是贵在经受得住时间的考验。袁满决定和郑华商量后，缓慢推进，既不能做作，也不能有施惠的痕迹。

袁满披上岳阿姨递过来的浴巾，心情十分愉悦，她和岳阿姨很有兴致地聊起那个表嫂的事情，当然她没有一句批评表嫂的，反而暗地里夸赞，让岳阿姨乐得合不拢嘴。

袁满来到竞园时，心中还有着小兴奋。她实在没想到师兄师姐有这么优秀的，艾鑫不用说了，现在要见的方导演是婚姻家庭剧领域的翘楚，声名远扬。

袁满拿出应对芙蓉的曲道方案告知艾鑫，艾鑫说，只要掌握"三性一支一道"，她在婚姻上可以毕业了。袁满注意到她的用词，便问，除了婚姻，还有其他方面要学习的吗？艾鑫说，还有心灵上的。然后让她来找方导。

竞园内街道不算宽敞，但是非常整洁，两排都是各种风格的建筑。袁满打着太阳伞走到 B 区，准确找到她要找的红色建筑。令她没想到的是，这么热的天，竟然有一男一女在柿树下拍外景，方导就坐在不远处的摄像机旁，正专注地盯着屏幕。

袁满是第一次如此近距离地看到演员拍戏，如果不是有导演有路人有摄像机，她都没有感觉到演员是在演戏。他们旁若无人，就像恋爱中的男女在正常说话一样，表情和动作都很自然。

随着一声"咔"，拥抱中的男女立刻分开了，各自的助理迎了过来。其他工作人员纷纷收拾物件、工具，显然方导对演员的表演很满意，一次就过，他对凑上来的副导说了几句，便转身朝着红色建筑走去。袁满大声喊他，方导终于听见，他回过头朝着声音方向看来，袁满此时紧走几步离他更近了，赶紧说明缘由，方导很热情地领她往屋里走。

在一个雅致的阁间内，方导给助理交代完工作任务，便叮嘱助理别让人来打扰，这显然是对袁满的一种尊重。袁满心生感激，也更清楚地知道国老在这位师兄心中的地位了。同时，她脑中响起艾鑫传达国老的作业：面具。

方导问起国老的健康状况，袁满说他身体安好，简单地自我介绍与寒暄之后，两人的谈话正式进入主题。

"你能找我，说明你已经完成了婚姻的学业，知道并践行了'三性一支一道'。"方导熟练地烧水、洗杯、洗茶、泡茶。

袁满点头。方导递过来香气扑鼻的铁观音，微笑着示意。虽然天气很热，但是房间开了空调，喝热茶并非不适宜。袁满用唇轻轻抿了一口，香味清雅，入口舌尖微甜，入喉苦中回甘。一杯茶入肚，袁满感觉燥热的心也静了下来。

方导也喝了一口茶，微微沉吟后，说道："'三性一支一道'看起来是对婚姻关系有用，实际上，它对我们人生中遇到的任何事情一样有用。"他看了袁满一眼，"也许它在其他事情上的用处，你现在没有体会到，没关系，慢慢来。"

说完这句话，方导手捏着茶杯却没有送到嘴边，他就这样毫无征兆地陷入了思索之中，没有再说一句话。房间很静寂，对于袁满来讲，这种静寂让她有些不自在，但是她也没有开口，慢慢品着茶，静静等着方导。

半个小时后，方导从思考中醒来，之前皱眉思索的表情变得神采飞扬，显然他已经厘清了思绪。方导给袁满讲了一个故事。

宇宙混沌如鸡子儿，盘古便抡斧开天辟地，之后他怕天地再合拢，便脚踏大地手撑苍天，一直保持着这个姿势，直到活活累死。他的身体毛发都化为万物，他生命的精髓也就是他的心化为一个人，名为何离。

何离一个人生活在广袤的大地上，自由自在，没有任何烦恼。他好奇心比较重，喜欢探索，他踏遍五湖四海，到处寻找朋友。他到过黄金山，拳头大的金子他不屑一顾，这土坷垃不能吃不能喝，他不知道有什么用；他到过翡翠谷，去过钻石岩，都没有停留一步。反而，他会因为小鹿的秀气而驻足看一会儿，因为树獭的憨懒而好奇凝望一会儿，他在葡萄园、桃树林也会停留一段时间，因为他要摘下果子果腹。但是，他还是不在意，因为大地太慷慨了，可吃的食物太多了。

就这样，他在探索的途中度过了好几个春夏秋冬，只是他依然没有找到同类的人，不过，他并没有灰心丧气，对于能不能找到人他并不看重，他看重的是寻找人的过程。他依然兴致勃勃，对大自然及万物生灵充满热爱。

有一天夜里暴风骤雨，他全身被淋湿，躲到一个山洞里仍然冻得瑟瑟发抖。这时，他在角落里摸到柔软而温暖的茅草，他用这些茅草裹着身子抵御寒冷。这一晚，他喜欢上了茅草。于是，无论去哪里，他都背着它前行。后来，他躲避野兽追击，无意间用半劈开的尖利的树刺扎中野兽，躲过了一劫，他又喜欢上了树刺。还有一次，他在沙漠中穿越，差点儿饿死、渴死，于是他又喜欢上了不易腐烂的干粮和纯净的水……

当太阳再一次升起来的时候，神奇的事情终于发生了，他背上的茅草、绑在腰间的干粮和水、握在手中的树刺都变成了人，跟他一模一样的人。他非常喜悦，终于找到同类的人了，而且找到的不止一个。他把自己姓名中的名赐给了他们，他们分别叫离1、离2、离3、离4。后来他才明白，**他越珍视什么东西，**

这个东西就会变成跟他一样的人。他越珍视什么东西，这个东西就会化成"离"。

从此之后，没有何离这个人了，只有一个何，与更多的离。何非常高兴，因为所有的离都是围绕着他转的。他享受到更暖和的衣服、更美味的食物、更锋利的武器，之前他与万物生灵是平起平坐的，但是，这一刻，他发现自己与万物生灵不一样了。再后来，他发现，他可以凌驾万物生灵之上了。

但是好景不长，何与离、离与离之间的矛盾越来越多了。

只有一个人的时候，何发现白就是白，说往前就往前，现在离提出了异议，他们发现了黑，也会后退了。何说有用，离说没用。何说干下去，离说不能干。何说金子是累赘，离说金子是宝物。他们为此争执不休。

为了解决争端，离提议少数服从多数，结果何发现上当了，每一次表决，都是离占多数，都按照离的意思来。

何最后发现了最大的恐怖，就是何只要珍视什么东西，这个东西就会化成离，站到离的那一边去。不仅如此，离1、离2、离3、离4等，无论他们谁珍视什么东西，这个东西也会化成离，站到他们那一边去。

后来，离的力量越来越大，**不仅珍视的东西会变成离、仇恨的东西、抱怨的东西、焦虑的东西、恐惧的东西等等，都会变成离。**

何知道不能再起念头了，再这样下去，他的力量会被不断削弱。但是作为一个人，有七情六欲，他怎么能没有念头呢？

何非常烦恼，他向上苍祈求答案。这个时候，与万物本为一体的盘古之心传来声音，告诉何，**这个世界的本质是——非此即彼、二元对立。**要想合一，就要跳出二元。

方导的故事戛然而止，他给出了答案，却没有告诉袁满怎么得出答案，袁满听得入迷，不禁脱口问道："怎么合一，怎么跳出二元呢？"

方导哈哈大笑："这个说来话长，慢慢来。"

故事还在继续。

何也想知道怎么跳出二元，过回自由自在的自己，但是，他没有得到回答。盘古之心告诉他：**跳出二元是心的本质、二元对立是世界的本质。要想获得心的本质，先要搞清楚世界的本质。**

何有了方向，非常欢喜。经过研究，何真的发现我们所处的世界是二元对立的世界。

一切都是阴阳相对相成，如有无相生，难易相成，长短相形，等等。

世界上有小孩、老人、成年人、工人、律师、作家、有钱人、穷人、美女、丑女、高个子、矮个子、病人、健康者等等，但是，所有这些人的分类，归结为二元对立的两种属性：男人、女人；归结为二元对立的两种关系：我、他人或非我（非我之外的所有人物事）。

二元对立是宇宙的普遍规律，存在于我们生活、工作的方方面面，因为它决定了人的存在与人的意义。

"我"并不存在。"我"需要借助于他人，才映照出"我"的存在。"我"没有意义。"我"是借助于他人，才映照出"我"的意义。何回想起那一段只有他一个人生活的情景，他很向往，但是他也承认，那时他的智慧确实是有待于开化的。

那个世界只有他一个人，他感受不到自己的存在，他认为自己跟花草树木、虫鸟兽鱼没有区别，他也没觉得自己要成为一个什么样的人才会有价值，但是，当他的喜好分出离的时候，他从众多的离当中，感受到了自己的存在，也找到他人生的意义所在——他要让更多的离变成跟他一样的何。他原先粗犷的感知现在也进化得更加细腻、更加敏感。他感知到，离好像一直在追逐利益。

何离独占整个天地资源的时候，他是没有利益观念的，因为所有的东西都是他的。当他生出离1的时候，离1要跟他分享资源，于是产生了利益观念。离1一直想着发展，现在要比过去好，未来要比现在好，所以在这种自我对比中，离1强化了他的利益观念。离1又跟离2比较，发现离2过得比他好，离1又产生了他要过得比别人好的利益观念。与过去对比，与别人对比，这是追逐利益的根本原因。而无论是跟过去对比，还是跟别人对比，这都是一种对立——我与非我的对立。世上本没有任何利益，利益之心是在对立中生出来的。其他贪、嗔、痴、慢、疑等情绪、欲望，皆是同样的道理。

方导把思绪从故事中拉回，总结道："这是二元对立的第一个功能，即分别心。分别心有好有坏，好的地方在于它让我们变得独特，变得高效，坏的地方在于它让我们变得自私，变得争竞。分别心，也让我与整个世界的非我当量相等——这个世界存在，是因为有我的存在。我不存在，这个世界即毁灭。"

袁满接话道："我若是死去，这个世界确实没有了。看来，整个世界虽然庞大，但是我也不弱。"在此之前，袁满从未想过，"我"的分量竟然跟整个世界相当，心中不由得升出一股强烈的自我认同感。她问道："二元对立的其他功能是什么？"

方导笑道："**二元对立的第二个功能是设计。**"

故事在继续……

当何生出的离越来越多的时候，何的力量越来越弱，何真正地变成了万千人海中的一名普通人。何心有不甘，但是大势所向，他不得不低头。

何学习、上班、结婚，完全过着普通人的生活。何也多了一些跟他更亲密的人，妻子、子女、岳父母。他体验了从来没有过的幸福，也收获了之前从未有过的羁绊。羁绊让他从普通人变成了俗人。

人吃谷，是俗；人欠谷，是欲。为了让妻儿过得更好，他开始为名利奔波。他开始为爱操劳。他从前坚持的信念，现在都忘记是什么了。

为了名利和爱，他很早起来赶公车、挤地铁，到了公司兢兢业业，老板指示什么，他做什么；导师说什么，他学什么；同事需要什么，他配合什么；朋友玩什么，他跟着玩什么；妻子要求什么，他听从什么。这一切的一切，用外在价值评价的方式反作用于他的思维，并最后都形成了他整体的系统的认知，帮助他顺利地应对各种人、事、物，他称之为**图式**——一个人稳定的信念、价值观、世界观。

他建立图式的核心在于：适应。**他发现，世上最大的智慧就是适应。**

适应什么呢？适应价值条件化——建立在他人评价基础上的所谓的积极信息选择。当个人观念与行为受到他人积极评价的时候，他会强化这种观念与行为，从而把它们内化成自己的深层认知，形成图式。不仅如此，他还会把自认为的真知传授给孩子。当孩子的观念与行为符合他的价值标准的时候，他便给予孩子关怀和尊重，以强化孩子对于价值条件化的应用。

18

每个人都有他的面具与设计

原生家庭创伤、童年创伤、应激创伤等等，都是创伤的一部分。更多的创伤，来自琐碎生活中期待未满足或意志未伸张（执行）的慢性侵蚀。

当外界新事物、新理念适应他的图式时，他就把它们加入图式之中作为补充，他的图式越来越大。此谓同化。

当外界新事物、新理念不适应他的图式时，他就得做出抉择，其中一种抉择是臣服于新事物、新理念，让自己的图式适应它们，即我们常说的"自我改变"。此谓顺应。

从此之后，他利用"适应"的核心智慧，运用价值条件化的锋利武器，运用图式、同化、顺应三种隐蔽技术，成功让自己戴上了面具。

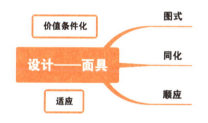

这对于他是面具，对于他人是设计。

他相信自己活在真我的世界里，此谓面具。

他不觉得自己活在别人设计好的世界里，此谓设计。

世界的二元对立，为设计者创造了设计万物的对称规则。人有左右眼、左右耳、左右鼻孔、左右手、左右半脑、左右心房，万物万灵皆是如此对称。人的欲望、情绪也是如此。

你没有钱，我有钱，你想要钱就得听我说什么。

我说什么，将变成你说什么。

你有情绪，我没有情绪，你想要平复情绪就得跟我学。我做什么，将变成你做什么。

我有的，你没有，你想要跟我一样拥有就得向我靠拢。我思维的样子，将变成你思维的模样。

在二元对立中，人开始上进，人也开始迷失。

何迷失了，但是当他悟透二元世界的功能之后，他开始上进了，他积极地学习成功者的积极图式，最终取得了世俗上的成功。

但是，何也为成功付出了相当大的代价。他感觉有一个**影子**一直在跟着他，无论他工作、吃饭、睡觉、娱乐，影子如附骨之疽总是摆脱不了。每次午夜梦回，影子突然闪现，吓得他冷汗涔涔。

影子是深藏在个人潜意识最深处的负面特征。影子的源头是**创伤**。在个人弱小、猝不及防、意料之外三种情形下，客观世界的人、事、物给他留下了创伤。原生家庭创伤、童年创伤、应激创伤等等，都是创伤的一部分。更多的创伤，来自日常生活中的慢性侵蚀。

这种慢性侵蚀有三种方式：**压抑**、**转移**、**合理化**。

何在公司受到领导的不公正对待，他很愤怒，想拍桌子走人。但是，他的工资大多数还了房贷，如果他失去这一份薪水他很可能还不上房贷，房子将沦为法拍房。于是，他压抑了对领导的愤怒，以便让他能够顺利安心地工作。

压抑，就是主动地把痛苦的记忆、情感和冲动排斥到意识之外，使自己的内心获得暂时的宁静。

何在忙碌工作的时候，大脑无法顾及领导给他的伤害，下班之后，大脑开始放松，大脑潜意识的负面东西不时从幽深的渊下蹿上来，甚至在坐公交回家的途中，大脑已经在活跃地想办法报复领导、发泄情绪。回到家时，本来一切都好好的，但是妻子不经意间问的一句话，诸如"今天工作顺利吧？"都会拨动他紧绷的神经，何就将对领导的怨恨发泄到妻子身上，造成夫妻关系不和。此谓转移。

转移，就是把对一个人的情绪、情感从较危险的对象转移到较安全的对象上来。

何虽然掩饰了对领导的不满，但是，相比其他同事向领导的积极看齐，他的积极性显然稍逊一筹，这样他的业绩自然又有下滑。因为各种原因，他再次被领导的不公正伤害。何为了房贷为了家人，选择继续忍耐，现在压抑的手段已经不起作用了，他的潜意识帮他选择了**合理化**——领导为了磨炼他，成就他，所以连番给他施加压力，让他突破桎梏。

合理化，就是个人遭受无法接受的事实或挫折，他就会编造一些有利于己的理由来解释，使它听起来合乎逻辑。

消极的合理化，会使人的身心遭受巨大的创伤，它在扭曲事实并扭曲人性。何若是采用消极的合理化，他就会失去人格，成为领导的忠实拥护者，同时也接受了受虐者的角色。

幸运的是，何采用的是积极的合理化——**升华**。他将领导加之的不公，化为奋发的动力，他变成全力以赴的拼命三郎，终于在公司取得无人取代的绝对优势地位，成功反超领导，成为公司的合伙人。

回顾一路走来，何不由得热泪盈眶：人活世间，真不容易。

每个人都有弱小、意料之外、猝不及防的时候，但是何已经不惧怕了。他无法甩掉阴影，但是他可以直面阴影与解决阴影了。实际上阴影永远存在，他已经做好与阴影终生搏斗的思想准备。

故事讲到这里的时候，袁满不由得感叹："难怪夫妻关系不好处理。婚姻之中有那么多不明的怨气，原来问题出在阴影身上。"

"所以，**嘴里说的话不一定是你说的，大脑中的声音其实不是你的**。"方导接着解释道，"我们每一个人有三种知觉感官——身体、大脑、心。我们所说的面具与阴影，其实都是由身体与大脑控制着的。心控制的东西更奇妙，无法言说。"

袁满问："什么是身体和大脑，什么是心呢？"

"**身体是生命的载体**，产生本能欲望，感官是身体的窗口；**大脑是得失的载体**，产生功利，计算是大脑的窗口；**心就是灵魂**，产生觉悟，法喜是心的窗口。"

袁满被这些名词搞得有些糊涂，她问道："你说的身、脑、心，与面具、阴影似乎是两个不同的系统？"

"问得好。"方导笑道，"它们看似是两个体系，其实是一个体系。假我与真我是这个体系的核心与枢纽。"

"假我是什么？真我又是什么呢？"

方导摸了摸发际线明显后移的光亮额头，笑道："这是一个令人很头疼的问题。"他沉吟了一下，"我试着解释一下。"

方导继续说："假我的本质在于适应。以价值条件化的方式，适应外界让它适应的一切。在适应的过程中，假我同时走上了两条路，一种是**认知适应**，即面具，包括图式、同化、顺应；另一种是**人格适应**，即阴影，包括压抑、转移、合理化。这个过程逆转过来，就成就了假我，也就是现在我们每一个有苦的众生。假我之所以能够成功，是因为它着手于身体与脑。身体与脑是滋养假我的载体，二元对立就是造出假我的养分。

"真我的主要载体是心，它要达到身体、脑、心三者合一。它的本质是什么，我想会有更适合的老师向你说明。"

方导留的这个悬念并没有难倒袁满，袁满说道："真我是不是人在梦中，心外无物？"

方导哈哈大笑。袁满把国老的答案抄过来，确实答对了，只是，这个境界很难达到。方导没有信心解释真我，是因为他并没有达到。

方导从桌下的抽屉取出一个遥控器，按了一下，袁满惊讶地发现，原来正对着茶桌的整块白色墙壁竟然是一块幕布。幕布上映着一个中国农民被俄国士兵押上刑场的画面，一群中国看客麻木地看着。画面不是很清晰，显然拍摄的时间很遥远了。

方导问道："你在影片中可以看到哪些人？"

袁满如实回答，但是方导却摇了摇头。他说："画面中只有两种人：角色与演员。那些没有成为角儿的人，都是角色，他们可能一辈子都是一种角色——跑龙套。那些成为角儿的人，是演员，他们拥有选择角色的能力，可以演这个角色，也可以演那个角色。除此之外，这里还隐藏着导演。导演拥有更大的选择能力，他可以选择剧本，也可以选择演员。"

袁满看着方导，思考这一番话与何离的故事有什么关联。方导静静地等待着她思考。

好半天之后，袁满苦笑道："还是想不通。请方导指教。"

方导问她："**在面具与阴影的压制中，是不是每一个人都能正常地活出人样来？**"

"不是。有的人可能一辈子都陷在面具与阴影中，再也走不出来了。"

"对。那么，这种人有什么特征呢？"

袁满想到一次坐出租车的经历，司机是四十出头的中年人，全程打电话，一直抱怨路况拥堵、平台抽成太高、老婆乱花钱、小孩没出息等等，然而快到目的地时他又和朋友聊着哪个馆子酒菜好吃、去哪里钓鱼、什么时候要钱。先前的抱怨和后来的眉飞色舞形成了鲜明的对比。他从未正视过伤害，他的面具里装着别人的错，他的阴影用娱乐自己的方式合理化了所有的不堪。

袁满说："这种走不出来的人，故步自封，不爱学习，思维僵化，从不成长，还成天抱怨别人的不是。"

"对。**这种走不出来的人，就是角色**。永远陷在一种角色里，没有选择的能力，只能一直充当被选择的对象。而且他们有一个名字，叫作**受害者**。"

袁满欢喜道："我了解过这一部分内容，除了受害者，还有承担者和创造者。"

"对。"方导言辞简短，显然鼓励袁满继续往下说。

袁满道："能够从面具与阴影的压制中正常走出来的人，是演员。演员拥有选择的能力，他们思维开放，心胸包容，能够接受学习，并在学习中获得改变与成长。"袁满突然想到婚姻中丈夫的属性，接着说道："他们是责任者，他们是承担者——承担问题的责任。"

方导微微点头，示意袁满继续。

袁满道："看透面具与阴影的运行规则并能从容应对的人，是导演。导演有设计、布局的能力，他隐藏在幕后，但是台前到处显示着他的影响力。他参透了剧本，拿捏了角色，选择了演员，设计了走位，他是**创造者**。"

"说得很好。试着想一想，我们都是固定在一种身份里吗？"

"我想每一个人都应该有主要的身份，但是偶然会串到其他身份去。"

"根据什么来确定主要的身份呢？"方导问道。袁满心中有想法，但是一时组织不好语言。方导似乎会意，他说出答案："你与面具、阴影的对抗中，你占据什么样的地位，你就将在被设计的局中扮演何种主要身份。

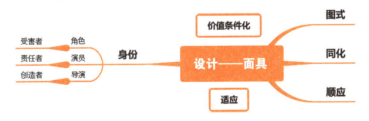

"**每一个人都在角色、演员、导演中穿插，每一个人都充当过受害者、责任者与创造者**。这三种身份里，我们最不愿意扮演受害者。受害者等于问题，但是二元世界里，受害者到处都是且永远存在，即二元

169

世界里，问题永存。因此，最关键的，不是消灭问题，而是学会与问题相处，在这三种身份的切换中保持一种动态的和谐的平衡。"

"当过导演的人，也会有成为受害者的时刻吗?"

"以世俗的成功标准，我们打一个不恰当的比方：角色是草根，演员是中产，导演是企业家。企业家布局企业的发展，设计员工职责与晋升空间。但是，当他做局不谨，使自身陷入虚弱状态，任何猝不及防、意料之外的人、事、物，都有可能打破他身、脑、心的平衡状态，让他失态或崩溃，这样他就会跌入受害者的身份。"方导接着说，"二元世界也意味着我们内心有二元的对立，让二元的对立、冲突达到平衡，就是让身、脑、心平衡，让三种身份平衡。

"二元对立的第三种功能：平衡。"方导站了起来，在房间迈开步子，"我们坐下来、站起来、走起来，其实都是达到平衡的状态。"

袁满听到这个比喻，突然悟到原来平衡存在于任何事物，只是平衡带来的安逸让我们的知觉麻木，不觉得那是平衡。

"二元对立规律分四个层次：（1）二元对立；（2）问题永存；（3）二元平衡；（4）跳出二元。"方导像是陷入某种自我明悟中，语气越来越激昂，语速也越来越快，他说，"没有二元对立，就不会有问题永存；没有问题永存，就不会有二元平衡；没有二元平衡，就不会跳出二元。也就是说，一个人的二元平衡的程度越高，就越有可能跳出二元。"

"就像太极阴阳鱼一样，二元平衡是让对立的二元平衡吗？"

方导停下脚步，转头注视袁满："对。对立的二元造出假我，平衡对立的二元让假我获得健康的心理和正常的生活，在身、脑、心和谐的状态下，人才会生出良知。得失心轻一些，问题的根本就清晰一些。良知，是假我与真我的过渡阶段。"

"良知，是本着良心做事，行善积德吗？"

"对。"

"为什么说它是从假我到真我的过渡阶段呢？"

"良知，其实是做人的基本要求。良知，让我们的心稍微离开了束缚，模糊了得失、吉凶、利害二元对立的界限，让我们触摸到一点点真我的轮廓。良知，只是让你明白真我并不虚幻缥缈，是你可以达到的。"

袁满听后非常震动。她确实有这种体验，凭着良心做事，她感觉很喜悦，不会有任何的负面情绪。但是若是做了一点儿亏心事，脑海里就一直想着这件事，一直提醒她，让她承受后悔、焦虑、恐惧的折磨。

方导回到座位，将身后书架上一尊雕像拿了过来。雕像栩栩如生，眉眼鼻唇极似方导。方导把雕像递给袁满，说："这样的雕像我有一打，拿着。"

看着袁满不解的样子，他说："最后送你一句话：**每一次想到，有一个跟我一模一样的神明时时刻刻在注视着我，我似乎就能跳出二元世界了。**"

袁满初听这一句话，心里有些犯怵，一个一模一样的人没日没夜盯着自己，得多吓人啊！后来，突然觉得这句话很亲切。真是一念地狱，一念天堂。善恶真假，就在一念之间。

19

你永远不动，你永远在凝视你

既然这片天地是牢笼，她一定要想办法跳出来。即使很难，但不试着跳一跳怎么甘心呢？

袁满坐在软皮沙发上，整个身子倦起来，仿佛要陷进去一样。她定定地看着家里人，脑袋里还在想着二元世界与假我。她看着岳阿姨在厨房忙碌的笑脸，

173

郑华递来果汁的笑脸，还有儿子骑着三轮车瞎闯瞎嚷的笑脸，脑中突然生出一种念头：他们都不知道自己困在了二元的牢笼里吗？他们戴了面具吗？他们的阴影积累有多少了呢？他们适应了自己扮演的身份吗？他们被每天突如其来的问题搞得焦头烂额吗？他们是怎么在一边奔跑一边解决问题中保持平衡的？

袁满突然意识到，她问的这些问题，其实只是问给自己听的。一股悲怆和怜悯从心中涌起，是啊，人是这么用力地活着啊！

"出一趟远门，你怎么了？"郑华把果汁放到茶几上。

袁满摇了摇头，她用手指使劲摁着太阳穴揉呀揉。见了方导之后，她再也回不去了。既然这片天地是牢笼，她一定要想办法跳出来。即使很难，但不试着跳一跳怎么甘心呢？

第二天上午，袁满出现在国老的宅院里。

国老问："你决定了？"

袁满眼神很坚定："决定了。还望国老成全，告诉我怎么跳出二元世界，怎么找到真我。"

国老说："你知道二元世界的真相，其实可以处于导演的层次了，你可以解释人生的所有问题了，也可以解决人生的所有问题了。所以，我请你好好考虑一下。"

"我考虑好了。如果不做，我心念不通，所以，再难我也要去做。"

"有这个志气就好。"国老郑重道，"这是一条非常艰难的路。没有经历生死的人不能走，没有遇到人生重大变故的人不能走，没有无畏精进精神的人不能走。你符合哪一条？"

"第二条、第三条。"

"好。"国老深深看了袁满一眼，然后拿笔在纸条上写了一行字，递给袁满。

袁满依照纸条上的地址，找到了欢乐谷游乐场。通过询问工作人员，她很快见到了这次拜访的主人公益大爷，也是欢乐谷的大老板益总，还是游乐场钥匙管理员益管。

三种称呼，袁满选择了一种最亲近的，她称他为益大爷。

益大爷穿着红背心和印花短裤，不修边幅，没有人能想到他竟然是游乐场的一把手。他趿着人字拖，啪嗒啪嗒慢悠悠地往前带着路，挂在腰上的成串钥匙叮叮当当乱响，袁满跟在后面，看着他从工作间拎出几罐啤酒，然后跟不远处的熟人招呼着，往游乐场正门走去。

受疫情影响，游乐场很多设施都关闭了，而且现在是晚上歇业的时候，更难见到什么人了。益大爷弯腰捡起地上一把扇子，是那种印着呵护男性生殖健康产品的广告扇，以他这种亿万身家却去捡一把广告扇子，袁满不由得惊异。要不是向国老问好，袁满真以为自己找错人了。

很快两人来到游乐场正门，益大爷掏出钥匙开了门，然后领着袁满向东面的儿童鹦鹉堡走去。袁满没有想到这堡里有一个独立的房间，四十平方米左右，家具家电一应俱全。益大爷搬出两张藤椅，两人在房间外的阳台坐下。

这里的视野极好，天空星辰点点，对面摩天轮、旋转木马、云霄飞车、太空梭、激流勇进等经典游玩设施全部映入眼帘，远处是江边夜景，万千高楼大厦的霓虹灯光与江面的倒影相映生辉。

益大爷扔给袁满一罐啤酒。在这样的夏夜，喝一口冰爽啤酒，从内到外透着清凉，确实是一种难得的享受。

"小袁多大了？"益大爷呷了口酒，问道。

"三十一了。"袁满如实回答。

"人生只是过了三分之一，年轻真好啊！"益大爷望着远方，似乎回到了他年轻的时候，嘴角不由得露出微笑。

过了好半天，益大爷说道："如果你到了我这个年纪，你想要的退休生活是什么样的呢？"

袁满微笑道："三五朋友，六七小孩，吹着风，唱着歌，在河里游泳，在河边野炊。您现在的生活不就是这样吗？"

益大爷哈哈大笑，与袁满举杯相碰。既有博学的朋友谈笑闲聊，也有草根的朋友钓鱼下棋，孔子弟子曾皙向往的生活，跟他们想要的一样。

"这是一种'心'的状态。来之不易啊！"益大爷微笑着，眼角闪着泪花，开始了他的讲述。

我在你这个年纪的时候，也闯出了一点儿名堂。当时我被评为优秀企业家，当选市人大代表，我们公司办招商会，市长、市委书记都来站台，我们集团经常上报纸头条，电视上也总是出现关于我们的消息，我益关走到街上去走到哪里哪里就是关注点，人生可以说是无限风光。

只是人生太顺利了，老天就要给我使一点儿磕绊。第一年老天先给我一点儿警告，只是其中一个子公司贷款到期银行在催债；第二年其中一半的子公司存在经营不善与不良负债的情况；第三年政策出现重大变化，整片行业走向萧条；第四年我的集团破产，我从身价亿万变成负债 5000 万元，我的豪车、别墅都被充抵拍卖，我只好租了一个农民的房子住着。即便如此，也天天有人打电话辱骂，他们找不到我，就找到我父母家里涂鸦泼粪逼债。

为了不连累父母妻儿，我准备去外地躲债。这是骗他们的话，其实我已经绝望，是准备自杀的。

在我要走的前一天，我四岁的儿子突然拉着我，他说："爸爸，你带我去外面玩玩嘛。"

不到四十平方米的房子，小孩子自己在家里待了一整天，他想去活动了。看着孩子稚嫩的脸，清澈的眼睛充满期待，我心里很不是滋味。我说："好，爸爸这就带你去玩。"

那时候是 11 月末，是秋天的尾巴冬天的头，风又大又冷，吹在脸上跟刀子割一样。我把孩子的帽子系好，想着带他去哪里玩。我们住在农村，没有大型的商场和娱乐设施，即便去商场，我身上也没有钱了。

孩子的快乐却很简单，他逆着风在跑，一边跑一边喊："爸爸，来抓我呀！"

这条胡同有些黑，村里人房里的灯光零星地透一些光，我看着儿子一边奔跑一边回头看我，他张着嘴哈哈大笑："来抓我呀，来抓我呀。"

我就去抓他。我总是在快接近他的时候，却故意放慢脚步抓不到他。儿子越跑越开心，越跑也越快。前面一辆小四轮车从岔道口疾驰过来，我疯了一样喊孩子，去追孩子。可是晚了。

当我冲过去抱起孩子时，孩子头上、脸上一直在流血，他看着我，轻轻地说："爸爸……跑步好……累……你带我去游乐场，我们玩碰碰车吧……"

我轻轻抱紧他，眼泪扑簌簌滚落下来。我边掏出手机边说："你别睡，爸爸带你去玩碰碰车。120!"我声音刚喊完，孩子已经闭了眼。

我不知道那一天怎么过的，我又是怎么躺在床上的。我浑身疼痛。我睁开眼那一刻，一个面容清瘦、笑容温和的青年人正看着我。他自己介绍是当晚事故的目击者，又是他看到我晕厥，跟着 120 一起把我送到医院里。孩子在 120 来的时候已经没有心跳了。

我一直在流泪，我身上没有一点儿伤，但是没有一丝力气，连说话的力气都没有。他似乎很了解我，讲了我的很多事，也讲了很多其他的事。他说，我们人这一辈子里的经历、体验，在我们出生前就已经计划好了。他说，过去让你愧疚，未来让你恐惧，然而，过去与未来并不存在，存在的只有现在。接纳现在的一切。**他说，最深的羁绊是情，送给你情的人都是来修炼你的**。他说，**这不是真正的你。你不是你，你永远不动，你永远在凝视你**。他说，一切都是最好的安排。一切的安排都是为了让你觉悟……

他救了我。我本来求死，现在求死更急。但是不知道怎么回事，他的话，突然有一种魔力，我没有一句听进耳里，但是睡着时却一直在脑海里回响。

半夜时，我惊醒了。寂静的夜里，我的胸膛快要炸裂，我的脑袋嗡嗡鸣响，黑暗中输液管的模糊轮廓，隔壁床友传来的咳嗽声，所有的一切都让我厌恶，厌恶到肚子开始剧痛。我如此愤怒，如此怨恨。我深深痛恨这个世界。然而我最痛恨的是我自己。我为什么还活着?! 儿子每一帧笑脸都锤击我，让我发出野兽般的嘶吼，为什么老天让我承受如此重的痛苦?!

我要毁灭自己的愿望远远超出要活下来的欲望，如果当时我有力气，我会跳楼，或者以其他方式了结自己。"我要杀了我自己!"那天晚上，这句话一直在我脑海里重复着。当这句话像复读机一样多次重复的时候，语言中蕴含着的强烈情绪随着重复次数的增多而慢慢衰减，我突然冒出一个奇怪的念头: 我意识到，我和自己是两个人。一个是我厌恶的自己，一个是能够评判与裁决的自己。这时，那位青年人的话突然在脑海中冒了出来："你不是你。你永远不动，你永远在凝视你。"

我开始理解那位青年人所说的话了，一股从未有过的明悟充盈我全身，像暖流一样滋润着我疼痛的全身，我似乎感受到它流到了骨骼、关节、血管、经络各个地方，我鸣响的头冷静了，我胀得要炸的胸腔消了气了，我剧痛的肚子也慢慢不痛了。

凌晨第一缕晨曦透过窗户照进来，屋子里依然黑暗，我却感觉非常明亮。我听到环卫工人有节奏地清扫落叶的沙沙声，医生办公室里有交接班的嗯嗯招呼声，病房里有人扶着拐杖走路的笃笃声……走廊里飘来了小笼包的鲜香，这是面粉和葱肉的味道，我以前从来没有闻到过。我没有亲眼看到万物复苏、嫩枝吐芽、花鸟鱼虫的景象，但是我在脑海里看到了。那个时刻，我"看到"了很多，这个世界如此美丽、质朴，充满勃勃生机，我感到从未有过的喜悦。

20

进入觉悟的三个通道

你有多久没有光着脚亲近自然了？你
有多久没有放下得失吉凶了？你有多久没
有享受全然临在的快乐了？

"国老对我帮助很大。"益大爷说，"从此之后，
我涅槃重生了。"

袁满听完益大爷的故事，感觉听一个神话传说一

样，怎么突然一下子就从死亡转到活过来了，她实在没明白，不由得问道："你怎么涅槃重生的呢？"

益大爷笑了笑，把喝完的啤酒罐放在地上，用力一踩，啪的一声酒罐瘪了。他捡起罐子扔到角落的麻袋里，说："老王收这个。"袁满从未做过踩易拉罐的事情，但是她也学着把罐子踩瘪。虽然动作不雅，但心里很欢喜。

"我们下去走走。"益大爷丢给袁满一罐啤酒，自己抽了一罐，挥着扇子便往外处走。

天气十分闷热，身上总是湿漉漉的，热风中不时飘下几滴雨点。沉寂的游乐场传来夏虫的鸣声，在这一个工业材料建造的庞大乐园里，本不该听到这种自然乡土的虫鸣声，但是袁满偏偏听到了。她四处张望，想找到声音的来源。益大爷告诉她，前面游乐园的中心，是两亩大草地。

大风突然刮来，带着阳光烤过的尘土味，袁满刚捂住鼻子，就听到旁边的云霄飞车铁架噼里啪啦响，大雨来了，雨滴不知道有多大，但砸在手臂上微痛。袁满拔腿就往旁边避雨，但被益大爷喝住了。

"就是这个时候！"益大爷站在原地不动，他让袁满放空大脑，闭上眼睛，用肌体体验这个时刻。

请关闭你外在的眼睛、外在的耳朵，轻轻吸气，轻轻呼气，让你整个身体软绵绵放松下来。请打开你内在的眼睛、耳朵。

你的每一寸皮肤都有微小的毛孔，它们呼吸着，像鱼嘴一样一张一合，雨滴落进它们嘴里，雨滴从嘴边滑落，像雨滴从荷叶上滑落一样，肌肤把清凉带进了体内。

从头顶的百会穴，一股清凉流进身体，它冒着氤氲乳白色的雾气，流进了耳旁的太阳穴，太阳穴一片清凉。你脑里一片空白。你的呼吸开始缓慢，你吸的气很深，你吐的气很慢很慢。你整个人很放松，像躺在舒服的泳池里。

你内在的眼睛打开了，你内在的耳朵打开了，你看到那股白色的清凉气流，流到眼睛、眼眶，接着又流到鼻尖、鼻翼，流到唇中、唇角，流到下巴、喉咙。你感觉很放松，气流所经过的部位十分清凉。

那股清凉气流接着往下流，流到你的胸腔、你的心房、你的五脏六腑、你的肚脐与丹田。与此同时，气流从背部的脊椎、肾、尾椎流了过来，最终汇聚丹田。你感觉呼吸更慢了，心脏似乎都停止了。

气流接着往下，从你的大腿、膝关节、小腿、脚背、脚心、五根脚趾经过，都是冰凉的，你再一次触摸到了冰凉。

在遥远的时候，你也曾经触摸这种冰凉，那时你只是一岁的婴儿。你第一次挣脱妈妈温暖的怀抱，奔赴自由。小手掌触摸到地面时，肉嘟嘟的小脚也落到了地面上，你以四肢着地的方式向大自然表达了最亲切的问候。那一片清凉让你好奇，四肢爬动的力量让你兴奋，从一个地点突然到了另一个地点，你很着迷。这是美好的嬉戏时光，你又叫又笑，妈妈来抓你，你反而爬得更欢。你享受这一刻。

你从不想自己四肢着地有多难看，你从不想纸尿裤发出了屎尿的味道，你从不想前方有没有危险。你享受这一刻。

你跑得很快，你撞上桌子了。这时，你痛苦、愤怒，你的大脑开始计算得失了。

然而，从你撞上桌子那一刻起，你有多久没有光着脚亲近自然了？你有多久没有放下得失吉凶了？你有多久没有享受全然临在的快乐了？

…………

阵雨已停了。袁满却还在回味，她仿佛做了一个很长很长的梦，她梦到她学步的时候，而她在一旁看着婴儿的自己，可爱纯粹、无拘无束，袁满泪水盈眶，内心充满喜悦。益大爷的催眠让她感受到了久违的自己，她感激地看着益大爷，益大爷毫不在意地摆摆手，继续往前走。

益大爷正色说道："国老让你过来，是国老对我的信任，我不能让你空手而归。但是，'道'这个东西不可言语，我只能尽力试着把它讲给你听。"

此刻的益大爷仿佛回归集团老总的身份，身上有一股无法形容的威势。

益大爷说："我们人由三部分组成：身体、大脑、心。其实身体包括了大脑、心。但是在这里，我们不包括。我们的身体是一个有记忆的肌体，肌肤、细胞也有对自身是否得到满足的记忆。**在我们的成长过程中，肌体通过毛孔、细胞、神经、器官等不断地与现实发生互动，并对互动的经验给予评价，这种评价不是靠我们大脑的理性，也不是靠外界的某种标准，而是基于自身肌体的满足感**。如果是有利于个人成长与自我实现的经验，肌体评价就是正向的；如果是不利于个人成长与自我实现的经验，就会被肌体所回避、压抑、扭曲、排斥。"益大爷提高声音说，"**体验，是进入觉悟的通道之一**。肌体是体验的载体。用肌体体验，才是真的体验。"

"用肌体体验是我们常说的用心去体验吗？"

"也是。也不是。说它是，是因为肌体体验确实趋近'心'的体验。说它不是，是因为当你说'用心体验'，或者起念'用心体验'四个字的时候，你已经是在用脑体验。"

"用脑体验是什么呢？"

"用脑体验是，带着得失心去体验，带着算计心去体验，这是一种假的体验。负面的情绪就是这种体验的产物。"益大爷接着说，"大脑是二元对立的容器，它驱使我们：追求快乐，逃避痛苦。古人用四个字说完了：'趋吉避凶'。每个人都在趋吉避凶，到底谁的凶是凶，谁的吉又是吉呢？事实证明了，**在资源一定的情况下，你的吉正是别人的凶，你的凶正是别人的吉**。所以，听从大脑的驱使，我们就要永不停歇地争斗、掠夺，它只能使我们不幸福地生存。"

袁满想到艾鑫说的成功经验：劫富、劫贫。她不由苦笑，原来艾鑫的话在这里得到了印证。

益大爷说："趋吉避凶，就是避过去的凶，趋未来的吉。过去是确定的没有用，因为未来不确定，只要存在一个不确定，结果就不能确定。所以我们避不了过去的凶也趋不了未来的吉。而我们用脑体验的，永远是过去与未来，对过去进行分析，对未来进行谋划预判。用脑体验，体验不了当下，体验的是对过去的懊悔和对未来的担忧。事实上，当下，**唯有当下才**

能获得觉悟。当下，是进入觉悟的通道之二。"

"什么是当下呢？"

"当下是临在，是此时此地。" 益大爷可能觉得太过严肃，他坐到一边的旋转木马上，笑着说，"时是时间，地是空间。**世俗意义上的成功，就是以最短时间获取最大空间，然后，不断扩大空间，再延长自己的时间。** 你可以理解为以最快的时间赚更多的钱，买到更好的房子车子，然后扩大公司规模，提升个人影响力，这个时候可能已经到知天命或古稀之年了，就想着怎么延长寿命保持青春，甚至长生不老。"

"这也挺好的啊，不能追求这样的成功吗？"袁满跳上另一匹并排行走的木马。

"人生就应该有五彩斑斓的体验，我们骑着木马，看着幼稚吧，却能不时提醒我们保持对人的兴趣，让我们的心柔软一些。"益大爷说，"如果周围人群热闹，有你的同事、朋友、领导、你在意的人，你依然享受地坐着木马，你就是在临在的状态。你的头脑时刻发出声音，说这个人用异样眼光打量你，说那个人瞧不起你，一个很远的姑娘掩嘴轻笑，你的头脑也会发出她在嘲笑你的声音。这不是临在。"

"那怎么进入临在呢？"

"暂停头脑的二元对立，斩断过去，斩断未来。

前念已灭，后念不生，此念不住。"益大爷说，"**请充分地利用你的肌体**。打开你肌体的毛孔、感官、细胞，静于原地，环顾四周，任何你看到的、听到的，都不作分析与评判，不要作目的导向，不要作因果联系，只是静静观察。倾听风的声音、大小、强弱、方向、温度，观察你能看到的，观察它的形状、颜色、质感、明暗、等等。触摸一些东西，感受它的材质、光滑度、凹凸感。调节你的呼吸，观察你呼吸的节奏，观察吸入呼出的气流让你的生命充满能量。只是当下，只有当下，融入空气中，与心一体，与万物一体。"

袁满按照益大爷的指示，静守心神，调节呼吸，感受此时此地，她感觉一切都是崭新的，之前从来没有注意到的小物件、小细节她都留意到了。当年她做近视手术，恢复之后眼罩拆封的那一刻，眼睛看到的所有事物都那么清新那么美丽，此时此地她又感受到了。当年她牙龈上火躺在床上忍受疼痛，吃什么食物牙龈都疼，她从来没正眼瞧的一碗白米粥却让她吃得永生难忘，此时此地她又感受到了。此时此地，她本不该有任何念头，但是此时此地的美好，勾起了她的难以忘怀却又潜藏深处的情绪回忆。

听了袁满对视力恢复与喝粥两段经历的描述，益大爷解释道："你这是进入了观察者状态。"

"什么是观察者呢?"

"**观察者是赋予你解脱的能量**。我们大脑里的声音,很多时候是听不到的,它是梦中的吃语难以捕捉,它也是病中的呻吟不知所云,它是无意识的。比如,你对丈夫发火,你并没意识到小时候的被忽略让你处在害怕失去他的恐惧之中;有小孩无缘无故地折磨小动物,他并不知道他在效仿父亲的棍棒教育;家长对孩子抱着极高的期望以至孩子的成绩成为他们开心与否的标准,其实他们并不知道一直没有在竞争中取胜的自己把期待和压力施加在了孩子的身上。"益大爷接着说,"通过观察者来监控大脑的声音和情绪的状态,使自己凝视思维与情绪,防止它们作乱,也把它们带回到良知的正确轨道上。"

袁满问道:"观察者跟当下有什么关系吗?"

"我想这里用临在更好一些。**临在是有觉察力地安住当下,观察者既可以安住当下,也可以安住过去与未来,这是在时间上。空间上,观察者可以出现在任何的空间。**

"观察者是赋予你解脱的能量。他通过两种方式实现:**一是让隐藏的认知与情绪显化(使潜意识意识化);二是赋予解脱的能量**。怎么解脱?拉长时间的维度,扩大空间的维度。"

"你能举个例子吗？"

"你在被火烤，安定于当下，你体会到的是痛苦与恐惧。但是，你的意识在上空凝视这具躯体，说时间长河之中人身体本无意义，每个人都终将走向死亡。无意义是空间的扩大，死亡是时间的拉长。"益大爷看着袁满还是一脸疑惑，不由得笑道，"我表达得并不准确，但是这已经是我能做到的表达了。这一点只可意会，言传就失效了。就像国老的八字箴言一样。"

"人在梦中。心外无物。"

"不错。"

"肌体、当下（临在）、观察者这三者又有什么关系呢？"

"进入觉悟的通道有三：**肌体、当下、观察者。肌体是体验，当下是将体验定于一点，观察者是将解脱的力量赋予一点。**"

"前两者我明白了，但是观察者我似乎还是不明白。"袁满听了半天，觉得还是头大。

益大爷点点头却没有说话，他低头思索着。街灯默默照着两人。虫鸣声越来越大，空气里弥漫着青草的清香。袁满往前紧走了几步，翻过一个小坡，走到摩天轮没有挡住视角的位置，一大片绿色的草地热热闹闹地映入她的眼帘。

21

观察者赋予你解脱的能量

生活在过去的人，都在谱写辛酸的故事，最可悲的是他们并不知道自己生活在过去，他们对自己的辛酸隐有感受，却很快忽略掉。想解脱却不得其法，最后有心无力，自我封闭，不愿深究背后原因。

在钢筋水泥与钢铁机器的世界里，出现这么一大片葱绿的青草地，让人莫名振奋。两人都往草地里的木椅走去，只是这里的草不是那么友好，它并不是球坪里柔和的小草，而是长舌状两侧带锯齿的白茅、叶片披针形的马唐和一些其他的杂草，都是一些优良的牧草。但是益大爷并没有养马，只是让这里这样荒芜着，他的原话是："生命不是秩序和规矩，而是自由与真实。"他用这片草地，为孩子们留下了一个供他们自由发挥创造的空间。他也观察到很多孩子想玩某些项目，但是由于家庭支持力量有限而玩不了，于是他在草地四周放置了免费的游乐设施，大型滑梯、沙堡乐园、橡皮泥家族等等，都属于这一类。他答应过儿子陪他玩，现在他为儿子建立了一座游乐场，天天可以看着跟儿子一样的孩子在这里自由释放天性。

"你觉得孩子们会想念这里吗?" 益大爷突然问道。

"我想他们做梦都在回想这里。"袁满笑道。

"回想的时候，他看到了什么?" 益大爷把人物聚集到一个人身上。

"他看到自己在玩耍啊。"

"具体一点儿。"

袁满终于从益大爷奇怪的问话中琢磨到什么了，她闭上眼让自己进入过去自己的世界里。

她说："他看到自己坐在滑梯的顶部，大喊大笑地招呼着爸爸妈妈，小屁股往前一挪，整个身子便顺着滑道溜了下来，速度带来的冲击感，让他隔着未来还能感受到心脏在怦怦地跳。"

"不错。"益大爷说，"你正在以观察者的身份进入过去的'我'的世界里，你感受的每一份美好，都是在赋予自己解脱的能量。"

袁满恍然大悟，尽管这里蚊虫实在厉害，可是抵不过一场思想的盛宴。

"小时候为做作业苦恼过吗？"益大爷趁热打铁。

袁满明白益大爷的意思，她进入过去做作业的自己的世界，她说："经常苦恼，有时候是字太多了，夹笔的中指写出了硬茧；有时候是背诵的文章太难，越背越心浮气躁，最后都没有背下来；有时候是题不会做，怎么听爸爸讲还是不明白。"

"过去做作业的苦恼，以现在的你去解决，还是苦恼吗？"

袁满摇头道："不是了。以现在我的智力、能力，几天时间就可以将小学整个学期的课程全部学完，做这些作业不费力。"

"知道原因是什么吗？"

袁满试着回道："我长大了，我比以前更强了？"

益大爷笑道："不是。根本原因是，**观察者是高维的能量，以观察者去观察一切，一切都会发生变化。**

薛定谔的猫是生是死，在于你是否去观察它。你观察它，你就在改变它，你就在决定它的关键性走向。看到，即改变（成长）。"

（袁满后来慢慢领悟，看到即觉知能，有三种功能：一、看到即破执，是跳出旧轮回的第一步；二、看到即疗愈；三、看到即改变与成长。）

袁满听说过薛定谔的猫，是说一个叫薛定锷的物理学家做的实验，他将猫关在密闭盒子里，有毒气体在盒子里释放的量，可以使猫死也可以使猫活下来，观测者打开盒子的观测行为，将决定猫的生与死。这个实验很难理解，袁满当初听到时根本不相信它，认为是无聊科学家做的奇怪实验。但是益大爷的话，让袁满突然理解了。

"我们再发散一下。你现在遭遇的挫折、困境、绝望，三十年之后你再去看它，只会觉得当时的自己很可笑。就像你看到小时候的自己为一颗棒棒糖哭得死去活来那样可笑。"益大爷说。

袁满想起孪生姐妹的故事，便说道："遇到不好的遭遇若是留下很深的创伤，不一定都能释怀的吧。一对孪生姐妹生活在很糟糕的原生家庭里，她们都有非常痛苦的过去，但是姐姐功成名就，而妹妹成了阶下囚。她们都有观察者，但是……"

"不对。"益大爷打断道，"**只有姐姐有观察者，妹妹没有**。"

"原因是什么呢？"

"观察者，是赋予你解脱的能量！"益大爷重申，"**妹妹回到过去的时候，她只是在认同自己的过去，她不是未来的自己回到过去，而是她一直生活在过去，从未出来过**。"

生活在过去的人，都在谱写辛酸的故事，最可悲的是他们并不知道自己生活在过去。袁满不由得想到。

"**生活在过去，是从未成长，这是其一。**"益大爷接着说道，"**其二是，观察者的视角是良知。**"

"能具体说说吗？"

"妹妹若有良知，就不会对过去、对父母、对各种遭遇抱怨了。"

"确实如此。"袁满说道，"妹妹没有良知，就没有感恩心，没有感恩心就没有爱的能力，没有爱的能力就没有人生的动力，世界就是黑的，白昼如夜。"

益大爷满意地点了点头，说道："阳明先生的心学四句箴言知道吧，其实四句箴言，道出了观察者的四个层次，也道出了解脱的真相。"

初级的观察者为善去恶，以自己的善恶尺子衡量一切；中级的观察者真正知道善恶并非绝对，善恶实

觉悟

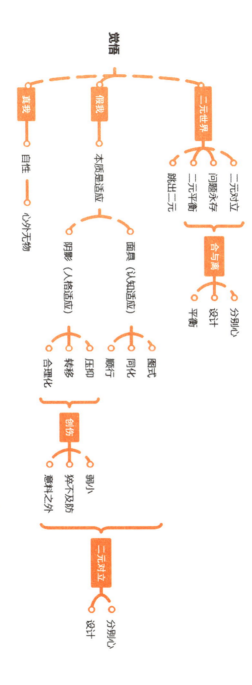

- 真我 —— 自性 —— 心外无物
- 假我 —— 本质是适应
  - 面具（认知适应）
    - 图式
    - 同化
    - 顺行
  - 阴影（人格适应）
    - 压抑
    - 转移
    - 合理化
      - 创伤
        - 弱小
        - 猝不及防
        - 意料之外
          - 二元对立
            - 分别心
            - 设计
- 二元世界
  - 二元对立
  - 问题永存
  - 二元平衡
  - 跳出二元
    - 合与离
      - 分别心
      - 设计
      - 平衡

为一体，他在用善恶衡量别人时，也在用别人的善恶衡量自己，这样善即是恶，恶即是善，善恶皆是因缘而成，心中多了温柔与悲悯，这才是真正的"知善知恶是良知"；高级的观察者已经做到善恶一体，一念善恶一念天堂地狱，善恶不是在果上，而是在因上——起心动念上；**顶级的观察者始终定于肌体、临在，善恶的念头都没有了，修得心性光明，万法不沾身，心外无物。**

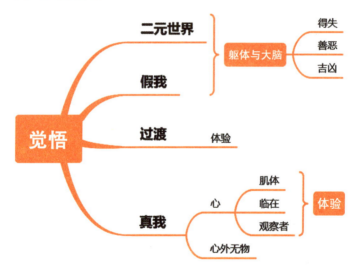

益大爷还说，无善无恶是腹中婴儿，有善有恶是幼儿园幼儿，知善知恶是小学的学生，为善去恶是初中以上的学生……袁满听得入迷，眼睛越来越亮，以国学的方式切入，她接收良好。"善恶""得失""吉凶"，原来跳出二元就是跳出这三个词，袁满看到上

空一个跟她长着一样的观察者对她说："本来无一物，何处染尘埃？本无善恶、得失、吉凶，何来跳出之说？"

"从为善去恶，一直到无善无恶，顺着这个过程是谓小解脱。"益大爷说。

袁满回应道："现实之我，为善恶、得失、吉凶所困；梦中之我，无善恶、无得失、无吉凶，可得，可失，可上，可下，可进，可退，可大，可小，可刚，可柔，可喜，可叹，我心本自清净、本不生灭、本自具足、本无动摇，心生万法，心外无物。"

"妙啊！无所住而生其心。"益大爷笑着回应。

"先顺着这个过程，再逆着这个过程就是大解脱。解脱的人并非关在屋里，不管春夏秋冬，而是走进凡尘中，用它服务大众、度化大众。这是国老教我的，现在我送给你。如果你有所得，就把薪火传给更多人。"

益大爷与袁满之间，没有任何仪式，只是老朋友聊天一般，悄无声息地完成了精神的传承。

黑夜不知不觉消退，夏天的清晨来得平静，太阳微红，嵌在云层之间，云层破了一个窟窿，露出灰蓝的天底。两人静静看着红日下的大地。大地寥廓，能生万物。大地直接生出了各种草、树、花、榴梿、草莓、葡萄、西瓜，大地间接生出了人、兽、虫、鸟、鱼、虾、朋友、亲人、爱人、导师、酱牛肉、牛排、红酒、可乐、冰激凌、泳池、冲浪、滑雪、房子、轮船、摩天轮、热气球、高空跳伞、人的情绪、欲望、爱……但是，大地，只是脚下的一抔尘土而已，而尘土之所以能够存在，只是自性（心）动了一个念头，也许念头都没有动，只是一个凝视。**就像茫茫人海中男女的惊鸿一瞥，生出无限的情由、尘缘与故事。**

"只是一个凝视。" 两人相视而笑。

图书在版编目（CIP）数据

告别缺爱，让天下没有不幸的婚姻 / 李林蔚著.
-- 北京：中国文史出版社，2025.3
ISBN 978-7-5205-4198-5

Ⅰ．①告… Ⅱ．①李… Ⅲ．①婚姻-通俗读物 Ⅳ．
①C913.13-49

中国国家版本馆 CIP 数据核字（2023）第 133531 号

责任编辑：薛媛媛

出版发行：**中国文史出版社**

社　　址：北京市海淀区西八里庄路 69 号院　邮编：100142
电　　话：010-81136606　81136602　81136603（发行部）
传　　真：010-81136655
印　　装：廊坊市海涛印刷有限公司
经　　销：全国新华书店
开　　本：710×1000　1/16
印　　张：13.5　　　字数：105 千字
版　　次：2025 年 3 月第 1 版
印　　次：2025 年 3 月第 1 次印刷
定　　价：52.80 元